日本の遺跡38

池辺寺跡

網田龍生 著

同成社

池辺寺跡遠景
（東上空から）

礎石建物群全景
（右側は削られている。百塚地区C地点）

雨落ち溝 SD01（右基壇は SB01。百塚地区 C 地点）

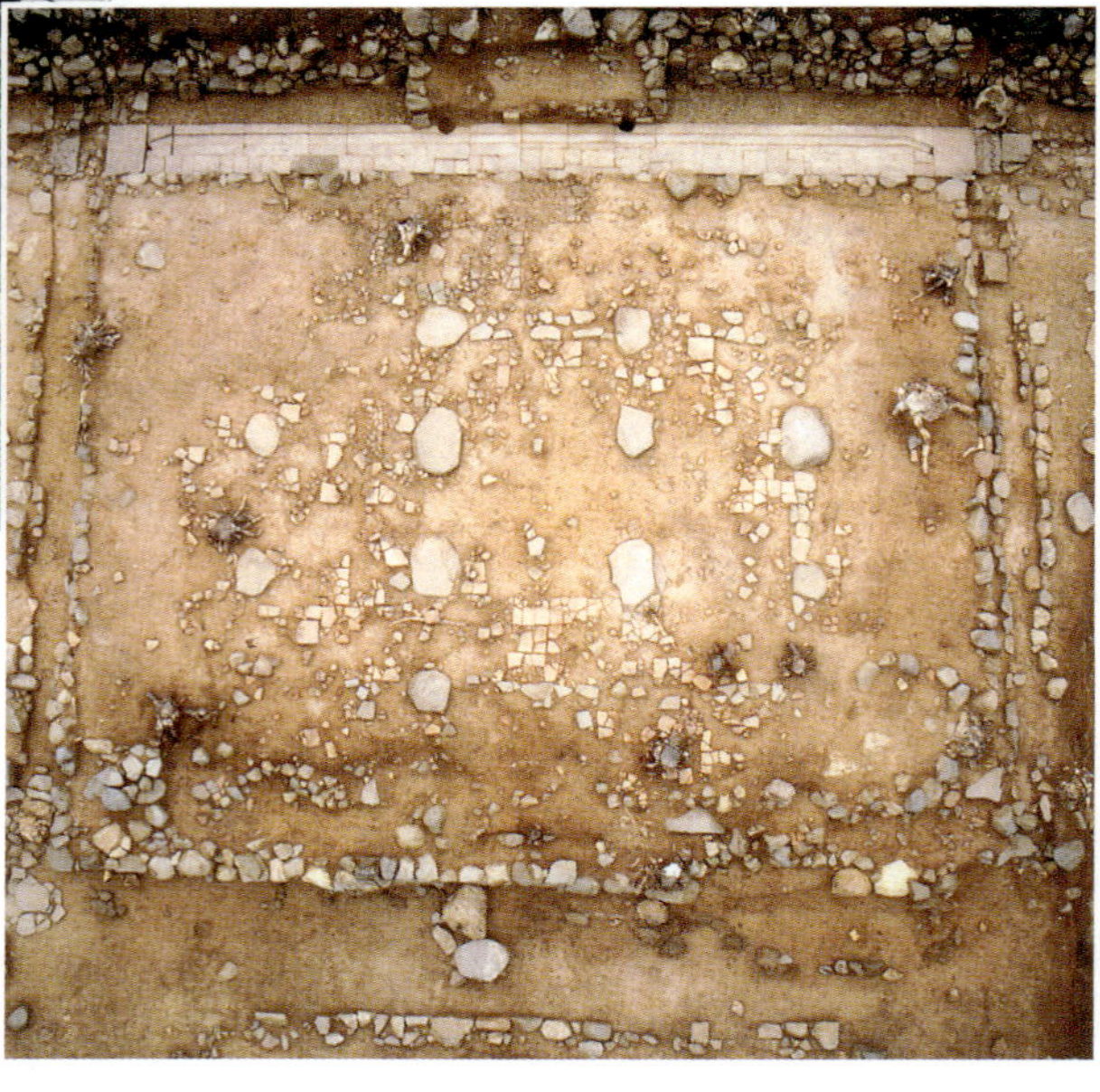

礎石建物 SB 01（塼が敷かれている。百塚地区 C 地点）

池辺寺跡近景（東上空から撮影。谷の奥に百塚地区が位置する）

百塔の石積み遺構（石塔。１辺2.4ｍの正方形石積み。百塚地区Ｃ地点）

金子塔（建武４年建立の石塔婆。西平山山中に立つ）

目　次

カバー写真　上空からみた百塚地区C地点
装丁　吉永聖児

池辺寺跡

I　味生池の伝説――池辺寺とは

1『池辺寺縁起絵巻』

「獨鈷《どっこ》山功徳池邊寺」。現在の熊本県熊本市池《いけの》上《うえ》町にあった天台宗派の寺で、一八七〇（明治三）年頃に廃仏毀釈で廃寺となった。廃仏毀釈とは、明治政府による神道国教・祭政一致の政策によって引き起こされた仏教施設破壊などの運動のことである。池辺寺《ちへんじ》は天台宗なので寺内の独鈷山に山王社（日吉神社）があったが、仏教色を一掃して山王社だけを残し、本堂の場所に移築して現在の池上日吉神社（池上神社）となった。

天保十二（一八四一）年の『太宰管内志』には、「池邊寺は伊介倍羅《いけべでら》とよむべし」と記されている。しかし、いつ頃からか地元では「ちへんじ」と呼称していることと、時代によって呼称が異なる可能性があることから、現在は音読みで「ちへんじ」としている。また、当用漢字を用いるため、通常は「池辺寺」と表記している。

池辺寺に伝わる寺伝『観音講式』は現在失われているが、文化元（一八〇四）年に写された『池辺寺縁起絵巻』が現存する。この絵巻には、池辺寺にまつわる七つの説話が描かれている。

第一話は「浮木の観音」。昔、味生池《あじうのいけ》という大きな池には龍が住み、人びとに害を与えていた。時の国司が妙観《みょうかん》山の観音様に参ると、池の辺に寺を建て日夜大乗経を唱えるように告げられた。天皇にうかがいを立てると、和州より僧真澄が遣わされ、和銅三（七一〇）年に伽藍を建立した。毎年法華千部会を開き、ついに龍を鎮めることができた。真澄が観音像を刻んで安置することを念ずると、その夜観音のお告げがあった。翌朝池に行くと、お告げのとおり水面に木が浮かんであり、その木を刻んで正観音像とした。現在の本尊とされる。

池辺寺や池上町の「池」は、味生池のことである。『続日本紀』によると、味生池は国司道君《みちのきみの》首名《おびとな》（在任：和銅六年～養老二年）が築いた灌漑用溜池である。味生池は、万日《まんにち》山・妙観山・独鈷山に囲まれた低地一帯に想定され、加藤清正による干拓事業で水田になったと伝えられている。首名は農耕を主とした生業を民に勧め、堤防を築いて灌漑面積の拡大に努めたという。味生池想定地から南西に約一キロのところに、首名を祀った高橋東神社（旧天社大明神社）がある。首名の着任が和銅六年であるので、それ以前には味生池はなかったことになり、和銅三年に寺を建立したとする部分とは矛盾することになる。

第二話は「降りくだる独鈷」。大同元（八〇六）年弘法大師空海が入唐のときに、三つの法器を日本に投げた。三鈷杵は高野山、五鈷杵は京の東寺、独鈷杵は池辺寺のある妙観山に落ちた。寺主暁覚阿闍梨が白犬に導かれて、独鈷杵を発見する。それより妙観山を独鈷山と号するという。

真澄と暁覚は、ともに実在の人物ではないようであるが、独鈷杵は寺宝として現存する。なお弘

図 3　浮木観音像　聖観音坐像。池辺寺本尊と伝えられる

図 1　池辺寺跡の石碑　明治初頭までの跡地に地元で建立

図 2　『池辺寺縁起絵巻』　文化元年作。龍が転生する場面

図４　味生池推定地　池の上地区上空から撮影

法大師は真言宗の開祖であり、独鈷杵の由来としても強引な話である。

第三話は「鳴落ちる金鈴」。延喜十二（九一二）年に京より帰国し池辺寺の僧となった仙海のもとに、師である相應から遺言のとおりに空より振鈴が届いた。

現存する五鈷鈴にまつわる説話である。仙海は肥後八代郡の生まれで、幼少のときに池辺寺にて学び、上京して比叡山無動寺で相應に学んだとされる。相應は円仁に学んだ天台の高僧として実在した人物で、無動寺は天台回峯修験の根本道場であった。

第四話は「仙海の法験」。真澄の法会によって鎮められていた龍を、仙海が不動明王像と読経により転生させた。龍は、旱魃の際に振鈴と独鈷を用いて修法すれば、かならず雨を降らせると約束したという。

図5　高橋東神社　道君首名が祀られている

図6　独鈷杵と五鈷鈴　五鈷鈴は平安時代後期、独鈷杵は鎌倉時代のもの

そのときに龍が残したという鱗《うろこ》が、寺宝として伝わっている。実際はセンザンコウ（センザンコウ目に属する哺乳類。アジアやアフリカの熱帯域にのみ分布する）の鱗らしいが、いかにも龍の鱗に見えてしまう。

第五話は「山王の出現」。延長二（九二四）年申の年の申の月の申の日に、独鈷山に三匹の猿が

図 7　龍の鱗　転生した龍が残したものと伝えられる

図 8　金子観音像　金銅製胎内仏。金子が百塚地区で拾ったと伝えられる

現れた。一匹は神童を背負い、一匹は白幣を掲げ、もう一匹は履物を携えていた。仙海は感喜に絶えず、自ら図画する。

猿は、天台の守護神である日吉山王の神の使いである。池辺寺が天台宗で、独鈷山に日吉神社を設けたことを示す話である。明和九（一七七二）年の地誌『肥後国誌』などによると、池辺寺は初め法相宗であったが中興した仙海以来天台に改めたという。

第六話は「金子観音」。昔、妙観山の観音様に百夜詣でを遂げた金子という娘が、百塚《ひゃくつか》にて金銅の正観音像を拾った。その御利益によって国司の妻となり、堂を建てて観音像を安置した。堂は貞元元（九七六）年に焼亡するが、観音像は空より戻り、今も池辺寺にある。この話を伝えるために建武四（一三三七）年、堂跡に石碑を建てたという。

この石碑は「金子塔《かなごのとう》」とよばれる笠塔婆で、今も百塚の奥の西平《にしたいら》山山中に立っている。碑文の

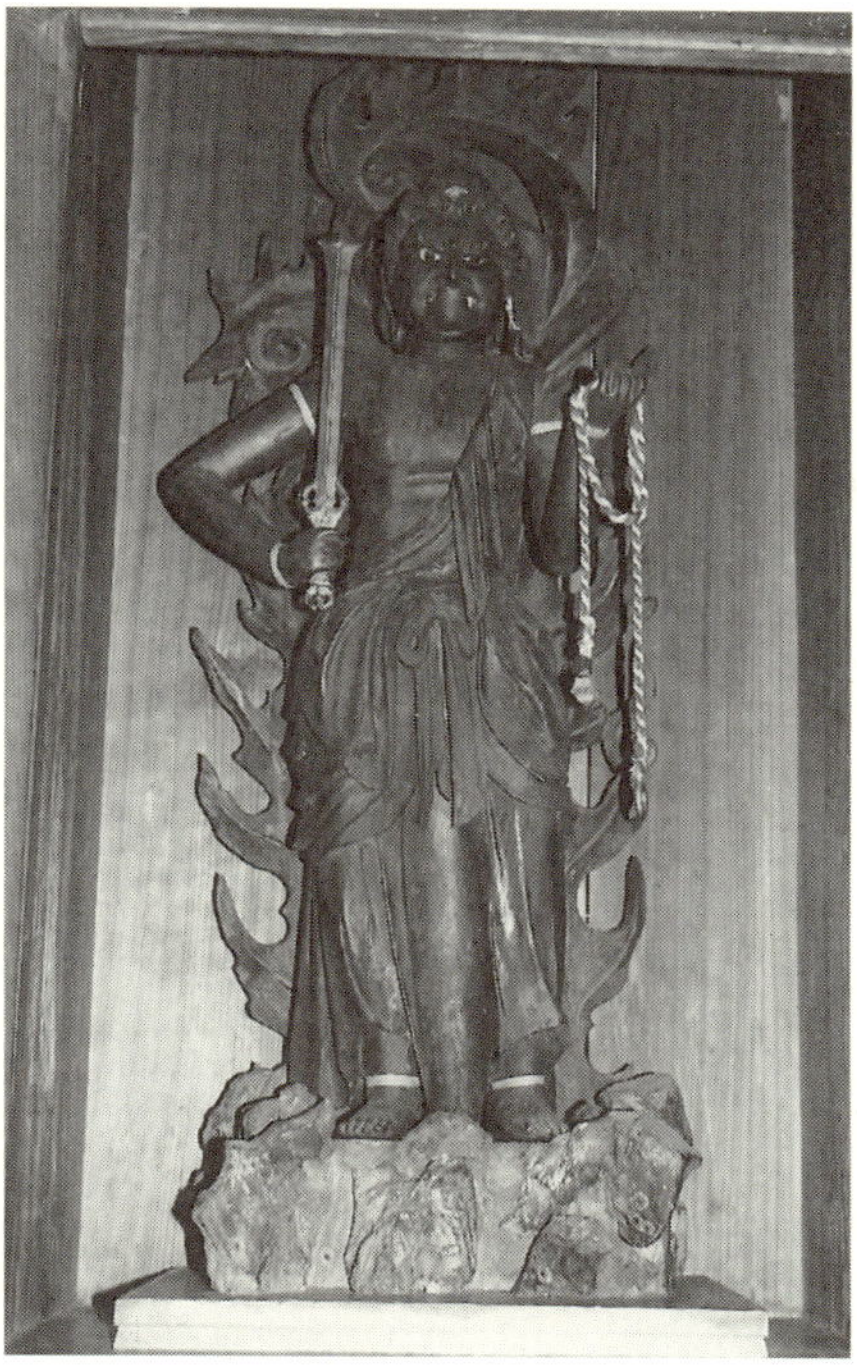

図９　不動明王　護摩堂の本尊

誤読により、このような話となったと思われる。正しい釈読については後述する。

第七話は「快珍の祈雨」。承暦年中（一〇七七～八一）、天皇の詔を受けて池辺寺の僧快珍が鈴鈷を用いて修法し、三日間雨を降らせた。その功績により託麻《たくま》郡を寺領として賜った。

このことが史実とは考えにくいとされるが、江戸時代の藩の記録には旱魃の際に池辺寺で修法を行ったと数回記されている。なお託麻郡は、池辺寺が所在する飽田《あきた》郡の隣の郡である。

他に、池辺寺に天台を伝えたのは仙海僧正で、中興は仙海と俊芿国師の二人であること、池辺寺にかかわる名勝・故地などが多く記されている。

さらに追記文として、昔は一二〇の坊があったこと、加藤清正が味生池を埋めて水田としたことなども記されている。

なお、『池辺寺縁起絵巻』・浮木観音像・金子観音像・不動明王像・龍の鱗三枚は市指定文化財、独鈷杵・五鈷鈴は県指定文化財である。他にも、仏像・古文書などの池辺寺にまつわるものの多くが指定文化財となっている。いずれも池辺寺跡財宝管理委員会の所蔵である。

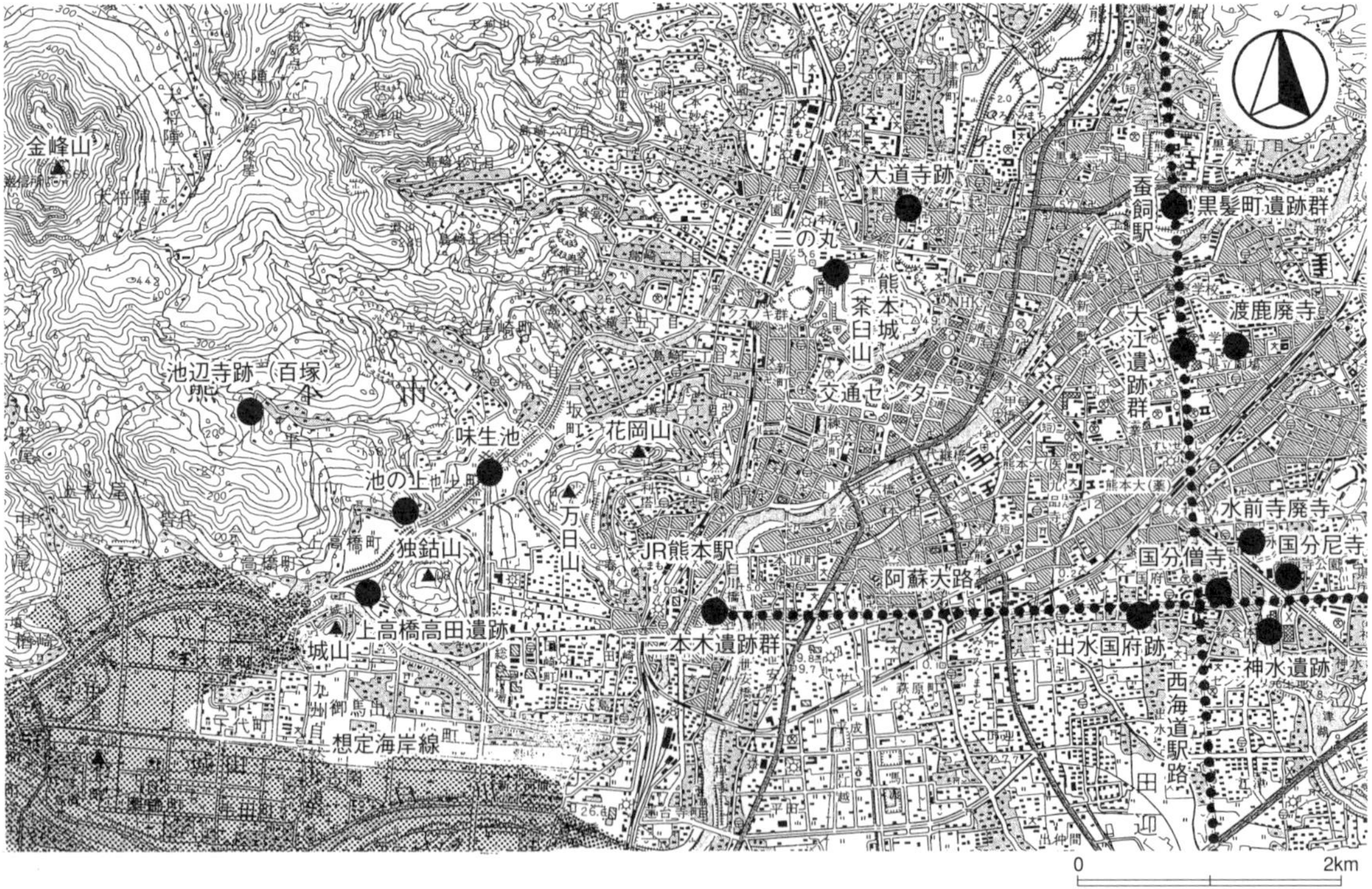

図10　池辺寺跡と古代主要遺跡の位置

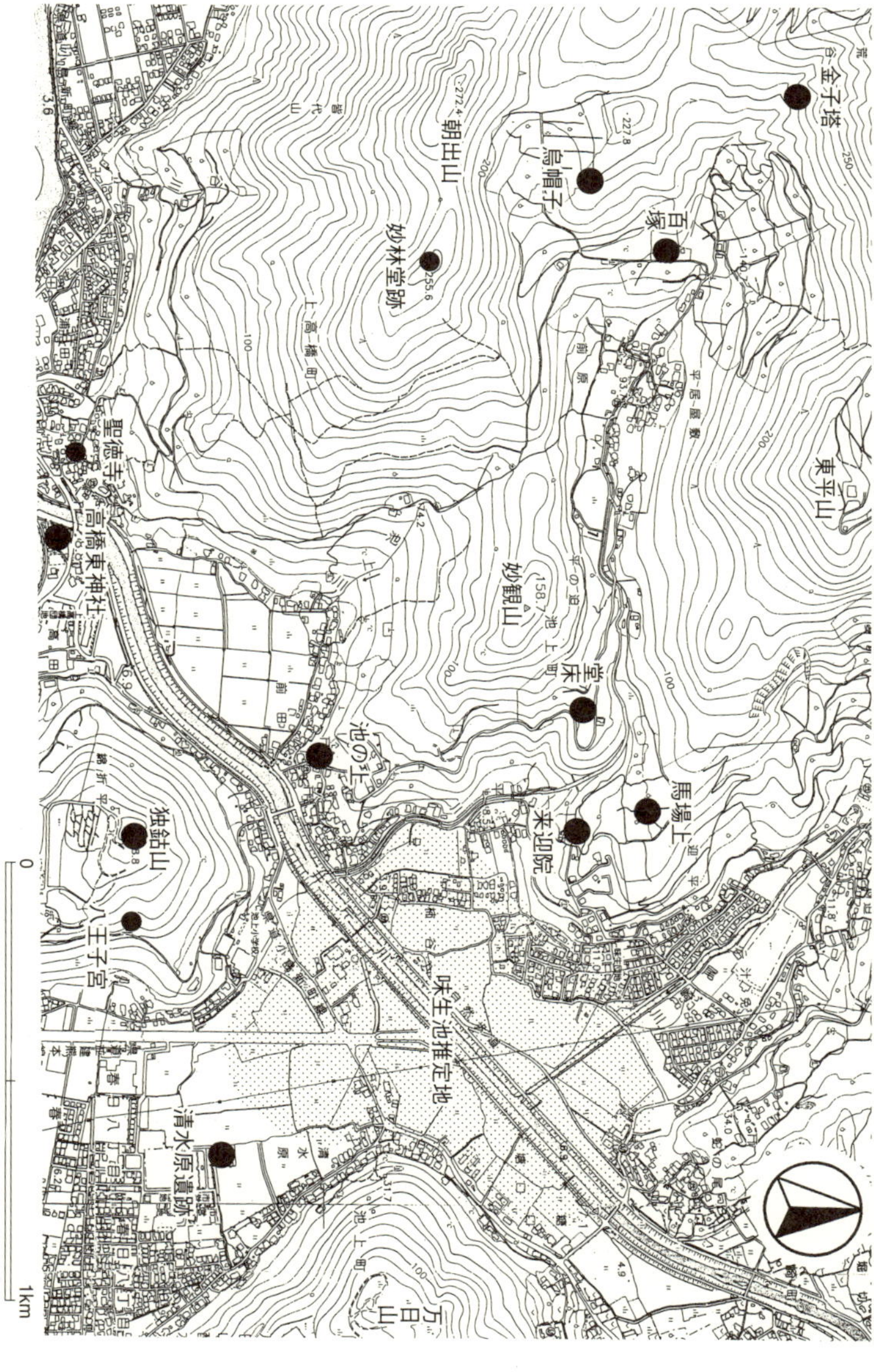

図11　池辺寺跡周辺の地形

2 金子塔

『池辺寺縁起絵巻』の第六話に登場する金子塔は、百塚地区から北西に約五〇〇メートル、西平山の中腹の位置にある。細い谷川沿いの小さな尾根状の平坦地にひっそりと立っている。その谷川沿いは古来より修験者の行き来する道でもあったと思われ、地元では山仕事で通る道でもあった。しかし、現在は国有林となって山は荒れ、金子塔の所在地を知るのはわれわれ調査関係者や地元の者にかぎられている。

塔身・笠ともに安山岩製（凝灰岩製ともいわれる）で、約二メートルの高さの石塔婆である。四面ともに文字が刻まれている。上位に大きく梵字（種子）を刻み、以下に池辺寺の由来や経緯をおよそ二〇〇の文字で記している。梵字と東面の文字には墨、他三面の文字はベンガラによって赤く彩色されている。一九六八（昭和四十三）年に市指定有形文化財になっている。

江戸時代の多くの地誌にも記され、古くから碑文の解読も試みられてきた。具体的な記載があるのは、天明四（一七八四）年の『古今肥後見聞雑記』が初例で、次いで天保十二（一八四一）年の『新撰事蹟通考』がある。一八八三（明治十六）年の『古社寺堂塔調（肥後国古塔調査録）』では、金子塔の現況図なども記載されている。

一九五九（昭和三十四）年、熊本大学の松本雅明により詳細が解読された。それによると、「天台別院の肥後国池辺寺の側にある百塔は、寺の根本御座所である。本尊は正観音霊像である。伝えるところによると、寺は元明天皇の御願により和銅年中に創建され、国司綱家字金子が願望した寺である。仏像と百塔は菩薩の化現で、つくられた

図12　百塚地区周辺の地形

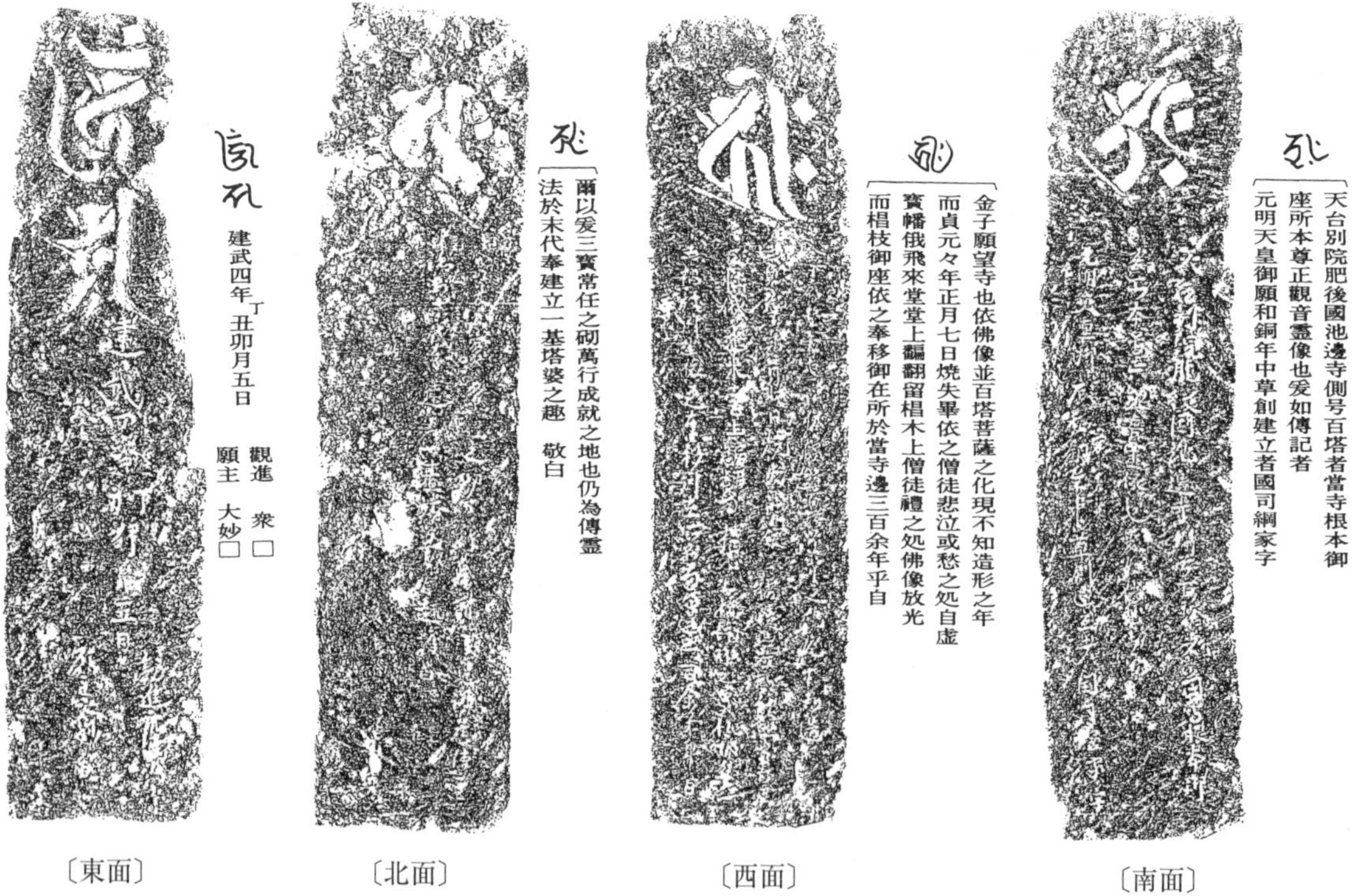
天台別院肥後國池邊寺側号百塔者當寺根本御
座所本尊正観音霊像也爰如傳記者
元明天皇御願和銅年中草創建立者國司綱家字
金子願望寺也依佛像並百塔菩薩之化現不知造形之年
而貞元々年正月七日焼失畢依之僧徒悲泣或愁之処自虚
寶幡俄飛來堂堂上飜翻留椙木上僧徒禮之処佛像放光
而椙枝御座依之奉移御在所於當寺邊三百余年乎自
爾以爰三寶常任之砌萬行成就之地也仍為傳霊
法於末代奉建立一基塔婆之趣　敬白
建武四年丁丑卯月五日
観進　衆□
願主　大妙□
〔東面〕
〔北面〕
〔西面〕
〔南面〕

図13　金子塔の碑文

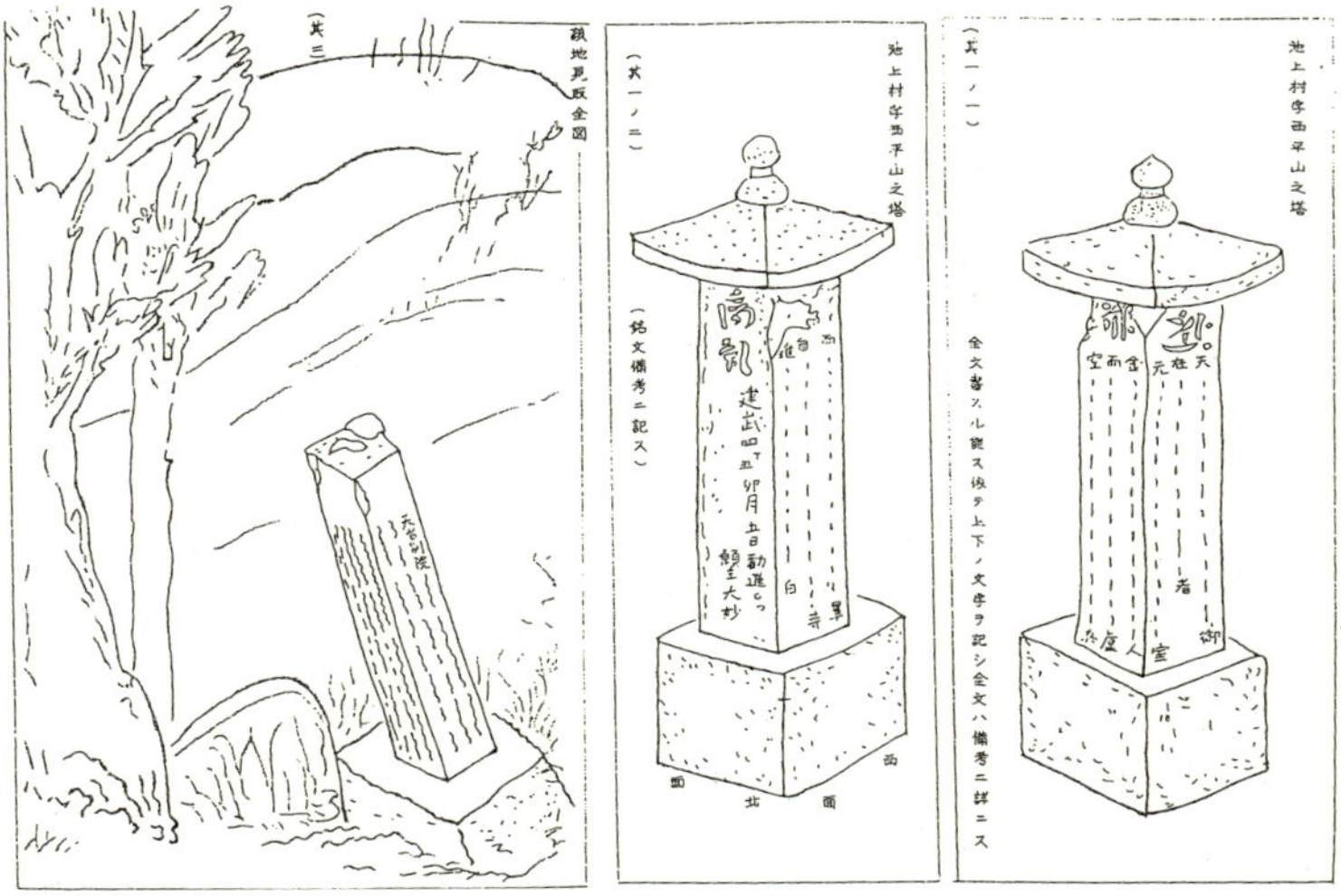

図14　明治時代の金子塔スケッチ（『古社寺堂塔調』）

年代はわからない。貞元元年正月七日に焼失した。僧徒が悲嘆していると空から宝幡が堂の上に翻り、杉の木に留まった。僧らが礼拝すると、仏像が枝の上で光を放っておられた。そこで当寺の近くに御座所を移し、三百余年が経つ。以来三宝常住、万行成就の地である。よって霊法を末代に伝えるため一基の塔婆を建立し奉った」。「建立は建武四（一三三七）年、願主は大妙」と記されている。

『池辺寺縁起絵巻』・金子塔ともに、池辺寺の由来や性格を詳細に伝える重要なものである。ただし、すべてが史実ではなく、恣意的に虚飾された部分を含んでいるが、近年の発掘調査の成果によって、史実のいくつかが明らかになってきている。

II　古代の肥後国飽田郡

1　大国肥後

古代の肥後国は西海道（筑前・筑後・豊前・豊後・肥前・肥後・薩摩・大隅・日向）に属し、大宰府によって統括されていた。十世紀前半に編纂された『和名類聚抄』によると、肥後国は一四郡九八郷（玉名《たまな》郡・山鹿《やまが》郡・菊池郡・阿蘇郡・合志《こうし》郡・山本郡・飽田郡・託麻郡・益城《ましき》郡・宇土《うと》郡・八代《やつしろ》郡・天草郡・芦北郡・球磨《くま》郡）であるが、貞観元（八五九）年までは一三郡（山本郡を除く）であった。

『日本紀略』によると、肥後は延暦十四（七九五）年に上国から大国に昇格している。大国は全国でも一一のみで、播磨以西では山陽・山陰・南海道・西海道を通じて唯一の大国である。『和名類聚抄』によると、肥後の田数は西海道の田数の二二・四%を占めていたことがわかり、調庸物も多く、まさに当時の経済大国であったといえよう。

2　飽田郡の位置と地形

古代の肥後国は、ほとんど現在の熊本県と同じ範囲と想定されている。池辺寺跡のある飽田郡は、現熊本市の北西側半分強を占めており、おおむね熊本市の範囲に含まれていると考えられる。なお熊本市は、古代の飽田郡と託麻郡に分けられる。

熊本県は、九州の中央西側に位置する。九州の中央を背骨のように九州山地が延び、西が海に面するため、熊本県は総じて東に高く西に低い地形となっている。熊本市も同様で、東は阿蘇外輪山の連なりによって高く、西の有明海に向けて低くなる。阿蘇外輪山を裂くように白川《しらかわ》が西流し、その下流域に熊本平野を形成している。市域の北西には標高六六五メートル《メートル》の金峰山《きんぽう》とそれに連なる峰々が大きくそびえ、平野を見下ろしている。古代の飽田郡と託麻郡は白川によって分かれ、飽田郡は北西側である右岸に位置する。

飽田郡の地形を見ると、平野部分が南西側に広がっているが、中世以降の干拓地がほとんどで、古代の平野域は狭かったとみられる。現在の白川は下流にて西に折れて有明海にいたっているが、鎌倉時代頃までは熊本駅あたりから南下して加勢川と合流していたと考えられている。

一方、飽田郡の大半は金峰山の連なりと阿蘇火砕流堆積による台地に占められ、白川・坪井川・井芹川などの河川の侵食によって谷地や段丘が形成され、現在の地形となっている。

池辺寺跡を構成する主要な地区は、金峰山系の南東方向に延びた尾根と谷に位置する。金峰山系は第三紀末〜第四紀更新世に生成した火山で、地形的にはカルデラであり、カルデラ内の金峰山と外輪山に分けることができる。池辺寺跡の所在する妙観山・朝出山・東平山《たいら》・西平山などの金峰山からつづく山々は、金峰火山の外輪山である。外輪山の山々は安山岩質溶岩を主として火山角礫岩・凝灰角礫岩、およびその二次堆積物で構成されている。

現在の井芹《いせり》川を隔てた独鈷山も池辺寺跡に含まれると考えられるが、この独鈷山の北東側と南西側には一列に小山地が並んでいる。北東から岩倉山、立田山、茶臼山（熊本城）、花岡山・万日山、独鈷山、城《じょう》山、御坊《おんぼ》山である。これらの山々は地質的には金峰山系外輪山と等しく、立田山断層によって金峰山系側が沈んで切り離されたと考えられている。この断層上の沖積地に味生池が位置する。

3 飽田郡司建部君一族

古代飽田郡の郡司を務めていたのが建部《たけるべ》（たけべ）君一族であったことは、平城京木簡・『続日本紀』・『日本三代実録』や奈良東明寺・大津石山寺の写経によって知られている。

木簡・文献からは、少なくとも天平三（七三一）年から貞観三（八六一）年までは、地位を維持していたことがわかる。また、写経からは、建部君一族が仏教を深く信仰し、仏教に対する高い教養を有していたことがわかる。これらのことからも、当然、池辺寺の建立および運営においても、建部君一族が大きくかかわっていたと推測されている。

4　飽田郡の古代主要遺跡

(一) 古代肥後の中心地

古代に大宰府と各国を結んだ西海道駅路は、熊本市の中央を南北に延びていたと想定され、発掘調査でも実証されている。さらに、熊本平野を東西に横断し、後に「阿蘇大路」とよばれた道がある。古代主要遺跡の配置からみて、阿蘇大路は古代においても駅路とともに重要な道であったと考えられる（図10参照）。

この二本の道の交差点が、まさに古代肥後国の中心地であったといえる。この交差点の北東に国分僧寺・国分尼寺（陳山《じんやま》廃寺）・水前寺《すいぜんじ》廃寺、北東から南東にかけては郡衙あるいは国府かといわれる神水《くわみず》遺跡、北西から南西にかけては出水《いずみ》国府跡が推定されている。さらに阿蘇大路を西に進んで白川を渡ると、二本木《にほんぎ》遺跡群にいたる。

(二) 国　府

肥後国府の所在地と変遷には諸説がある。十世紀前半に編纂された『和名類聚抄』には「益城郡」、十二〜十三世紀の『色葉字類抄』と『伊呂波字類抄』には「飽田郡」、十三世紀の『拾芥抄』には「飽田郡・益城郡」と記載されている。いずれも古代（とくに奈良時代）の所在地として示されたものとはいえない。

出水国府跡（託麻郡）は文献には登場しないが、現存する「国府」地名と一九六二（昭和三十七）年の確認調査の成果によって国庁の場所も想定されている。西海道駅路や国分寺の位置からも出水国府が奈良時代の国府であることが支持されてきたが、近年の熊本市教育委員会による約二〇〇カ所での確認調査では、遺跡が確認された事例

図15　二本木遺跡群（第13次）調査区の大型建物

はない。また、「国府」地名も元来は「国分」であったことなどから、出水国府跡を否定する見方もある。一方、神水遺跡の官衙《かんが》建物群を出水国府とみる説もある。

飽田郡では、二本木遺跡群に国府が推定されているが、「古府中」地名と土地区画の形状・大きさから国庁域の想定がなされている。二本木遺跡群では多くの発掘調査事例があり、瓦・銙《か》帯具（身分を示す腰帯の飾り）・墨書土器・硯《すずり》・陶磁器など古代の重要遺物が多量に出土している。

古府中から三〇〇《メートル》程離れた調査区（市教委、第一三次）で、国府を推測させる遺構が見つかっている。政庁内の建物配置は不明瞭であるが、庁域と考えられる柱列や建物一棟、外側には付属施設となる建物群がある。とくに付属施設の主体である八間×八間の大型建物（図15）は、南北方向の二棟の建物による双堂《ならびどう》建物と想定され、地方官衙としては例のない規模である。調査区内からは多量の硯が出土しており、執務用の建物（曹《そう》司《し》）とも考えられている。付属施設は八世紀後半のもので、政庁域は九世紀後半までは存続したようである。国府か郡衙か意見が分かれている。

これまで二本木遺跡群では平安時代の国府が想定され、建立は九世紀中頃・十世紀前半・十一世紀初頭・十二世紀と説が分かれていた。八世紀後半期では駅路や国分寺などとの位置関係も重要である。二本木遺跡群は駅路から西に三・五キロ程離れているが、阿蘇大路が古代の西海道の支路・伝路として機能していた、あるいは蚕飼《こかい》駅から西まわりの支路があったならば、八世紀後半期の肥後国府があった可能性もあると思われる。なお、二本木遺跡群では他の調査区でも大型建物が何棟も見つかっているが、規模・配置が不明瞭なためおのおの性格はわかっていない。

また、白川下流左岸ではあるが、熊本市十禅寺町に十二・十三世紀の飽田国府を想定する説もある。

益城国府は二カ所に推定地がある。益城郡は託麻郡の南に位置し、球磨駅が想定される台地上に国府も想定されている。ともに発掘調査事例はあるが、国府跡は発見されていない。建立時期としても七世紀末・九世紀中頃・十世紀初頭の三説がある。

(三) 郡衙

飽田郡の郡衙も古くから諸説があり、とくに有力な説はなかった。郡寺と想定される熊本市京町の大道寺《だいどうじ》跡や二本木の延命寺《えんめいじ》跡の付近、飽田郡司である建部君の本拠地といわれる同市薬園町・黒《くろ》髪《かみ》町が候補であったが、根拠に乏しかった。近年の発掘調査事例では、二本木遺跡群（第一三次）を郡衙とみる説もある。また、黒髪町遺跡群の熊本大学構内でも大型建物群が見つかっている。

(四) 郡　寺

飽田郡衙と同様、郡寺も明確ではない。瓦の出土遺跡は多いが、うち大道寺跡と延命寺跡が郡寺の候補である。

茶臼山廃寺ともよばれる現熊本城内から北の京町台地にかけて、奈良時代から平安時代初期の瓦が出土する。大道寺は寺遺構は未発見だが、八世紀前半～九世紀前半の瓦が多く出土している。天台宗の山岳寺院とみる説もある。東側の台地下から黒髪町にかけてが旧竹部村で、建部君一族の本拠地だったといわれている。

延命寺跡は二本木遺跡群の南寄り、飽田国府と想定される「古府中」内にある。現在は小さな観音堂と二メートル程の塔心礎石が残っている。付近から出土する瓦は奈良時代後期から平安時代前期のものであるが、礎石にともなうものかはわからない。瓦は、二本木遺跡群内のどこからでも出土する。第一三次調査区の東側一帯からは瓦がとくに集中して出土するが、官衙建物にともなう可能性が高いと思われる。

(五) 官　道

西海道駅路は、熊本市の中央を南北に延びている。十世紀初めの『延喜式』に記載された駅のうち、飽田郡内には二つの駅が考えられる。高原駅は、山本郡（現植木町）に想定する説と、飽田郡（熊本市改寄町）の立石とその一帯に想定する説がある。近世地誌によると、立石は山本郡が分置された際に建てられた標石とされ、周囲には大溝が残っている。近隣の発掘調査では、駅に関連するものは見つかっていない。

蚕飼駅は、白川に近い黒髪町に想定されている。黒髪町の西隣が現子飼町で、遺称地であろう。熊本大学構内の調査で道路と建物群が見つかっており、駅家関連の遺跡とも考えられている。「馬」銘の土器や「國」銘の土製印も出土している。

図16　大江遺跡群（第100次調査区）の西海道駅路跡

高原駅から蚕飼駅までほぼ南北の直線道路が想定され、発掘調査でも道路跡が検出されている。蚕飼駅から白川を渡り、南に真っすぐに駅路は延びている。大江遺跡群では駅路の残存状態がとくに良好で、検出事例も多いが、九世紀前半代に道路が廃棄された箇所も確認されている。

蚕飼駅から西に行くと建部君の本拠地を通って坪井町にいたり、台地へ上がると大道寺跡である。そこから台地上を南下して、熊本城三の丸・藤崎台～二本木へといたるルートが飽田郡の官道と推定されている。二本木遺跡群に国府があったならば、この路線と二本木から東の国分寺へとつながる道をもって、駅路が複線になっていた可能性も考えられよう。

(六) 津（港）

古代の港を「津」とよぶ。古代肥後の津の所在地は文献では残っていないが、遅くとも平安時代

図17　独鈷山から見た上高橋高田遺跡

中期には宇土市網津《おうづ》が飽田国府の外港であったと考えられている。当時の白川は南流して加勢川・緑川に合流していたため、その河口に位置する網津と熊本市二本木は連絡している。

二本木遺跡群から西に二・五キロ行くと、高橋町遺跡群（上高橋高田《こうだ》遺跡）にいたる。古代～中世の大規模な遺跡で、当時は海岸沿いに位置したと考えられる。二本木遺跡群と共通するような重要遺物や輸入品が大量に出土しており、港や交易品集積地であったと想定されている。国府外港ではないまでも、飽田郡の主要な港であったと考えられる。その高橋町遺跡群内に、道君首名を祀った高橋東神社が所在し、味生池にも近い。

Ⅲ　池辺寺の調査・研究史

1　近世の地誌

江戸時代には多くの地誌が出版されているが、肥後の地誌ではそのほとんどに池辺寺と味生池に関する記述がある。これらの地誌は、金子塔碑文・『観音講式』・『縁起』・寺記・僧や古老による聞き伝えなどが基になっている。それらは著者の私見が加わり、時代とともに少しずつ内容が変化している。これらの地誌が、池辺寺跡調査・研究史の始まりといえよう。ここではおもなもののみ詳細を紹介し、時代順に各誌の特徴を簡単に記述する。なお、地誌類の比較検討に関しては村井眞輝、鈴木喬、佐藤征子による論考がある。

（一）『国郡一統志』

肥後最初の地誌で、寛文九（一六六九）年に北島雪山が著した。おそらく寺伝『観音講式』と金子塔碑文を基にし、見聞による説話・伝承も加えている。延宝四（一六七六）年に著されたという『縁起』（表4参照）より古い。池を「味生池」ではなく「功徳池」と称している。寺の山号は「独

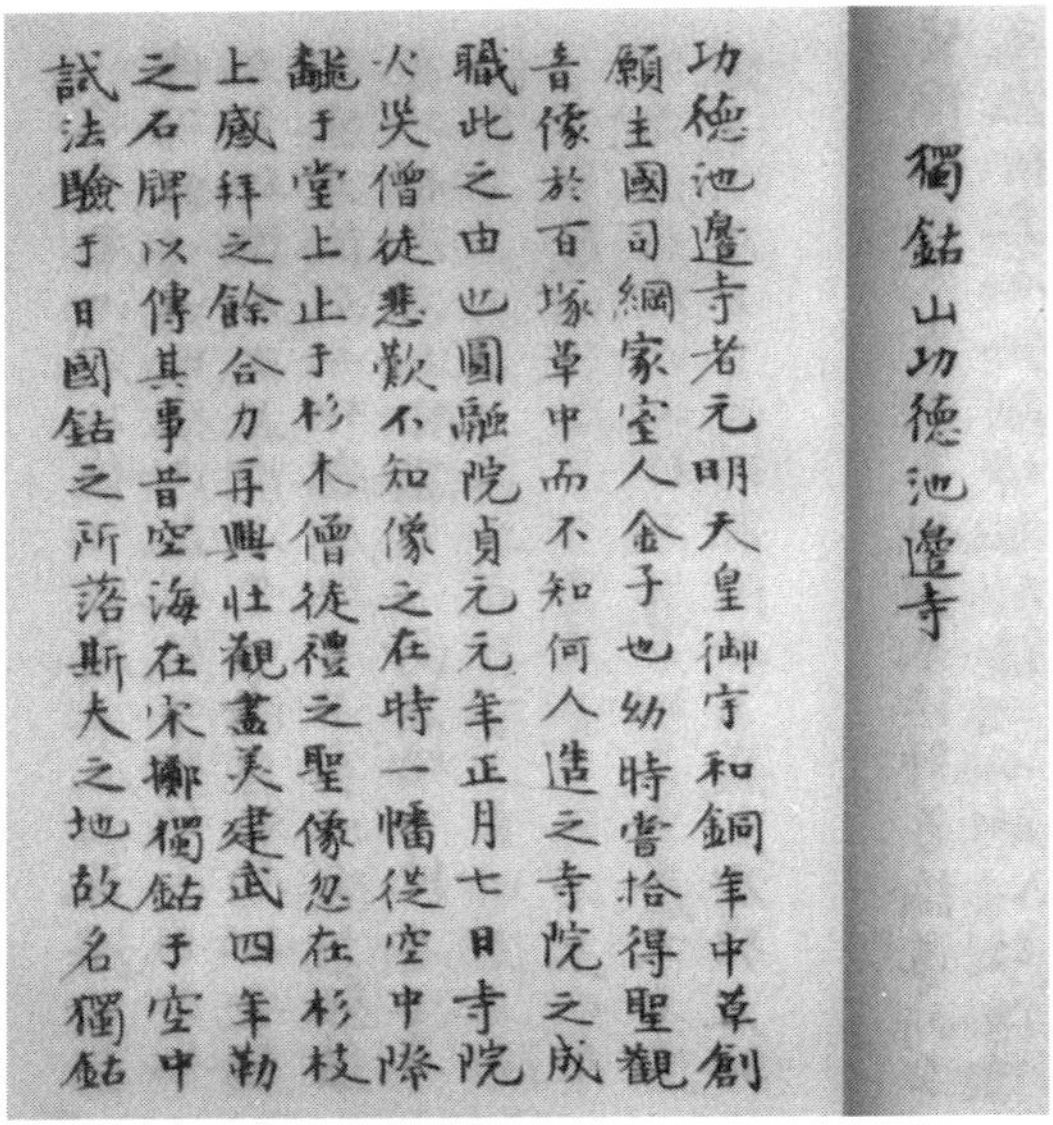

獨鈷山功徳池邉寺

功徳池邉寺者元明天皇御宇和銅年中草創
願主國司綱家室人金子也幼時嘗拾得聖觀
音像於百塚草中而不知何人造之寺院之成
職此之由也圓融院貞元元年正月七日寺院
火災僧徒悲歎不知像之在時一幡從空中降
離于堂上止于杉木僧徒禮之聖像忽在杉枝
上感拜之餘合力再興壯觀盡美建武四年勅
之石牌以傳其事昔空海在宋攜獨鈷于空中
試法驗于日國鈷之所落斯夫之地故名獨鈷

図18　『国郡一統志』の文章

鈷山」である。比較的簡略な記載で、他の地名や金子塔の所在には触れていない。

(二)『肥後名勝略記』

元禄二（一六八九）年に辛島道珠が著した。古い事例として「味生池」、「功徳池辺寺」の項を以下に掲載する（句読点等を追記）。

味生池

池上池辺寺の前より戸坂村新村の辺に続きたる田地の中に、古へは深広の池有之。名を味生池と云池辺寺の寺僧は相伝て阿治宇池と書く。池辺寺に有之『観音講式』に、「以往有深広池、堪冷水宛等滄海、同功徳池、肆称山独鈷、号寺池辺」と有。此池の悪龍を池辺寺の開山真澄秘法を行ひ降伏し、護法神となすと近年作りたる縁起に記す。又中興仙海和尚の代に当寺の霊宝鈴独鈷を此池の龍竊取しを、仙海独鈷山の麓に於て祈請し、彼の霊宝取返すと云り。又当寺に申伝る曽祢好忠の読れたる阿治宇池の歌に

河上やあちうの池のうきぬなは
　　うきことありやくる人のなき

是を阿治宇池の証歌とす。此歌『後拾遺集』十五雑歌の一に出たり。題不知、曽祢好忠

河上やあらふの池のうきぬなは

うきことあれやくる人もなし

如此あり、あらふはあちふを写し誤りたりと見えたり。又『続日本紀』元正天皇の下に道君首名と云人和銅の末に筑後の守に成り、兼治肥後国勧人生業と記し、又興築陂池以広漑灌、肥後味生池及筑後往々陂池是也、由是人蒙其利とあり。これは道君首名勝れたる太守にて阿治宇之水を田地の養に用ひ、人民の生業を教へらるゝ事を褒たる文句なり。

味生池の事『続日本紀』に出で又曽祢好忠の詠歌有之上は、古跡と云事明白なり。

功徳池辺寺

府域の西南半里余にあり。昔此寺の前に深広の池有之により、今も池上の池辺寺と云。寺廻りの民家を池上村と云なり。当寺の前住僧作られたりと云伝たる観音講式一巻あり。それには「此山は是元明天皇の御宇和銅年中の草創也」と有て、開山の名はなし。延宝四年山門西塔の僧光舜作の縁起には、「肥之後州功徳池辺寺者和銅三年元明帝之所創也。開山は和州之真澄」と記せり。また「後醍醐天皇建武四年丁丑（光厳院延元二年丁丑也）当山観音の霊験なる事を書たる石碑平村の山中に有り、願主大妙」とあり。此碑文には「天台別院肥後国池辺寺者、元明天皇之御願、和銅年中に草創」とあり、和銅三年とはなし。和銅三年から元禄二年迄は九百八十一年なり。其時分肥後国司諱を綱家と云、金子と云女子当山百塚の辺にて金銅観音の御頭を感得して毎に崇信し、後に国司綱家の妻に成たる事を右の碑文に著せり。百塚は今平村の山中に有之。『観音講式』にも右同意に記し、

「今の本尊は金子感得の霊像なり」とあり。「弘法大使大唐より独鈷杵を遠く日本に投らるゝ事あり。一は当山に至り留るにより、山を独鈷山と名く。又相応和尚鈴を此山に投らるゝ」などと種々怪異の事を右の『観音講式』に載せたり。寺僧の説に「当山中興は相応和尚の弟子名を仙海と云、当国八代郡の人也」と云り。『元亨釈書』俊芿国師の伝に、俊芿四歳の時「母氏興其舅池辺寺珍暁、童稚而有老成之量」と見へたり。俊芿幼稚の時当山に四五年も居られたり。珍暁は俊芿母儀の兄弟なり。『観音講式』に「南北法性山緑樹交枝、上求菩薩藹薫馥、東西無明澗白浪帯影、下化衆生月輝朗也。当寺本尊構所居天台別院、施能功徳池辺、依正共無双之霊地、景色亦絶妙勝事者乎。天長地久花開独鈷山頂、御願円満月照池辺水声」と書たり。『観音講式』は当山の住持慶秀法印の作かと云説あれども今明ならざる事なり。慶秀住山の年代も知る人なきなり。近代寺僧の説に「当山の北に当り妙観山と云山あり、そこに観音の殿址あり」と云。光舜作の縁起にも妙観山の事あり、講式には其沙汰無之。又独鈷山に妙杉池と云霊池あり、旱歳の祈祷に此池水を以独鈷を洗ふ、即時に雨降ると云伝たり。此寺に付味生池の事は前に記之。

池の上の古老説に「池辺寺古へは平山之下今平《たいら》村の辺に有、後世今の地に移す」と云、今の地にては講式の文意に相違ふ事あり。古老の説に従ふべし。

『肥後名勝略記』は『観音講式』を主軸として寺僧や古老の説を加えている。『観音講式』は現存しないため検証できないが、基本的には金子塔碑文と『縁起』を合わせたような内容であったと思われる。金子に関する記載が『国郡一統志』と同様に碑文の誤読によるものならば、『観音講式』は金子塔建立後に著されたことになる。

ここでも寺山は「独鈷山」で、寺僧の説として「当山の北にあたり妙観山と云山あり、そこに観音の殿址あり」としている。さらに古老の説として「池辺寺古へは平山之下今平村の辺に有」と記す。さらに「百塚《ひやくつか》は今平村の山中に有之」ともある。一方、辛島道珠は『観音講式』には妙観山についての記述がないと述べている。佐藤征子は、『観音講式』が池辺寺が池の上地区に移転する前に作成されたためと指摘している。これまで池の上地区にある宝篋印塔の年号により、応永三（一三九六）年には池辺寺がすでに移転していると想定されてきた。また、中世修験に詳しい阿蘇品保夫は、金子塔は池辺寺が移転する際に建立したと想定している。なお、本尊は金子が拾った観音と記してある。

（三）『肥後地誌略』

宝永六（一七〇九）年に井沢蟠龍が著した。「独鈷山功徳池辺寺」、「味生池」の項がある。『縁起』・『観音講式』・寺記・金子塔碑文を基にしており、とくに『縁起』からの引用が主体になっている。「味生池」にて、「曽祢好忠の歌は味生池を指しているのではない」と指摘している。旧来の池辺寺の所在については、「池辺寺の北に妙観山とて昔の奥の院および観音堂の跡有り。其側に百塚と云所有り。」と記し、金子塔を「百塚に立てたる碑文」としている。寺山は独鈷山で、「独鈷山々王権現の社の傍に妙相水と云ふ池有」と記している。

（四）『新編肥後国誌草稿』

享保十三（一七二八）年に成瀬久敬が著した。飽田郡の巻に「独鈷山」、「池上川」、「味生池」、

「山王上七社」、「八幡宮」、「功徳池辺寺独鈷山龍池院」、「金子塔」の項がある。『肥後地誌略』と同じ記述が多く、おもに『縁起』を引用したかあるいは直接『肥後地誌略』を引用したのであろうが、より詳細な記述である。

図19　妙林堂の跡地

図20　独鈷山中腹の八王子宮

「独鈷山」の項に「池辺寺ノ上ノ山也、此山西峯妙見堂、同西北峯ニ独鈷落掛リタル松アリ。山ノ東峯半腹ニ妙相水ノ池及八王子宮アリ。同東麓阿治宇ノ池、東北ニ山王社アリ」と記す。百塚の南の峯の山頂（標高二五五・六メートル）に、近世〜近代の瓦が散在した堂跡があり、「妙林堂」と刻んだ板石が立っている。地元では「みょうじんどう」とよんでいるが、「西峯の妙見堂」とはここのことであろう。池辺寺の上の山であること、味生池が東麓にあることから、ここでいう「独鈷山」は、現在の「妙観山」を指しているようである。当時この山を独鈷山とよんでいたならば、寺号を独鈷山としていた意味が理解できる。しかし、八王寺宮や山王社などの位置は現在の独鈷山と一致している。

「妙観山」については『肥後地誌略』の記述と同じである。本尊については、先に「金子ノ聖観音」としながら、後では「真澄和尚作ノ本尊」と『縁起』の記述を引用している。

（五）『肥後国陳跡略志』

享保十五（一七三〇）年に水足屛山が著した。『肥後名勝略記』を引用したと思われ、共通する記述が多い。百塚のある当山を独鈷山と解釈している。妙見山（妙観山）を「山の北」と表現している点は、他誌と同じである。

（六）『肥後国誌』

明和九（一七七二）年に森本一瑞が著した。『新編肥後国誌草稿』を増補したものである。ほとんど同じ記述であるが、変更された箇所がある。「独鈷山」の項では「池辺寺南の方ノ山也、此山ノ西ノ峯ニ妙見堂大榎アリ、同西北ノ峯ニ独鈷ノ落掛リタル松アリ。同東ノ峯ノ半腹ニ妙榻水池及ヒ八王子宮アリ。同東北ノ麓ニ阿治宇ノ池ノ跡、東北ノ山ニ山王社アリ」と記す。独鈷山の位置が「池辺寺の上」から「南の方の山」に変わっている。また、味生池も「独鈷山の東」から「東北」に変わっている。

現在の呼称では、池辺寺があった池の上地区は「妙観山の南麓」で、独鈷山は井芹川を隔てて南の山を指している。よって、味生池推定地は「池辺寺からは東」「独鈷山からは東北」となる。『縁起』を含めて『肥後国陳跡略志』の書かれた頃までは、現在の妙観山のことを独鈷山とよび、百塚地区の山を妙観山とよんでいた可能性がある。あるいは『新編肥後国誌草稿』での誤記をここで正したのかもしれないが、その場合寺号が独鈷山であることが不可解である。本来どちらが正しいのか、この頃に呼称が変わったのか、また『肥後国誌』以降は一貫していたのかもわからないが、重要な課題といえる。

現在の独鈷山の東中腹に八王寺権現がある。また山頂付近に「兜率石」とよばれ「龍が昇天した」と伝わる大岩があるが、この岩のことは『肥後国誌』が初出である。妙観山や百塚についての記述は、「妙観山」の項を設けて分けているが、ほぼ『草稿』のままである。金子塔の項では若干記述が異なり、「妙観山ノ内に存ス」とある。本尊についても『草稿』と同じである。

現存する『縁起絵巻』は文化元（一八〇四）年に書き写したもので、『肥後名勝略記』によると元来の『縁起』は延宝四（一六七六）年に書かれたとある。延宝縁起の詳細はわからないが、『肥後地誌略』などでおよその内容はわかる。『縁起絵巻』と比較すると、いくつかの相違点が考えられる。延宝縁起では、池辺寺のある山は独鈷山で、妙観山は北にあって百塚・金子塔が所在するとある。一方、絵巻では「妙観山をあらためて独鈷山と号す」とあり、同一の山としている。また、絵巻では「登天石：独鈷山西の峯にあり、龍此石より黒雲に乗じ登天せり」との記述があるが、『肥後国誌』以前にこの石の記載はない。絵巻を描くため延宝縁起を写すにあたり、『肥後国誌』とのつじつまを合わせた可能性もあろう。

（七）『古今肥後見聞雑記』

天明四（一七八四）年に寺本直廉が著した。記載されているのは、金子塔のことだけである。金子塔碑文の読解を試み、梵字とともに載せているが、消滅した字が多くて不分明と述べている。平村を池の上村の北に位置づけており、他誌の「妙観山を寺の北」としている点とともに留意される。

（八）『新撰事蹟通考』

天保十二（一八四一）年に八木田政名が著した。和銅六年の項として味生池をあげ、延喜十二年の項に池辺寺を記述している。寺は味生池の東北にあると記しているが、他はほとんど『肥後地誌略』の記述と同じである。寺記を引用し、私見を加えている。金子塔碑文の読解も行っている。

（九）『太宰管内志』

天保十二年に伊藤常足が著した。肥後国飽田郡の部に池辺寺の項があり、簡単に紹介しているにすぎない。「池辺寺は伊介倍伝羅とよむべし」と記す。相違点としては、味生池の北の方に池の上村・池辺寺があるとしている。

2　近代の調査・研究史

近世を通して池の上にあった池辺寺は、明治時代に入ると廃仏毀釈が起こり、一八七〇（明治三）年に廃寺となったようである。跡地には、上段に日吉神社が独鈷山から移され、下段には池上村役場が置かれた。一九〇七（明治四十）年には中段地に日露戦争紀念堂が建てられ、仏像や寺宝が安置された。

廃寺後は、熊本県の調査報告（記録のみ）や近世の地誌を基にした記述があった。

（一）『古社寺堂塔調（肥後国古塔調査録）』

政府の命により熊本県が四〇〇年以上前（文明

一五年以前）の古社寺・堂・塔碑を調査・集成したもので、一八八三（明治十六）年に二冊からなる和装本があったらしい。戦災で焼失したが、一九五二（昭和二十七）年さらに一九八五（昭和六十）年に復刻版が刊行された。

図21　池上日吉神社

図22　日露戦争紀念堂　2000年に池上公民館に建て替えられた

金子塔の項があり、著者は杉尾宗堅である。四面を二枚に分けてスケッチし、釈読を載せている（読んだのは天保一四年横田孝?正とある）。現況図もあり、笠石がはずれて大きく傾いている。傍らに板碑のような石があるが、その位置には現存しない。上位がすでに一部欠損しているが、今はない宝珠も残っていたことがわかる。スケッチには建武年号の面を北面と記しているが、現在は東南に向いて立っている。傾きの方向が現在と一致し、池辺寺の方位記載も間違っているのでおそらく誤記と思われるが、その後向きを変えて立て直した可能性も考慮せざるを得ない。なお、天明四年の『古今肥後見聞雑記』

には建武年号の面が東と記されている。解説には『肥後地誌略』と『新撰事蹟通考』を引用している。備考として私見が述べられ、金子は人名ではなく山の名と想定している。

（二）『熊本市・飽託郡誌』

角田政治による一九〇六（明治三十九）年の著書である。「味生池跡」では、「味生池生成説」と題して詳細な見聞記を載せ、自然生成の火口湖と想定している。「池辺寺」では、『肥後国誌』を引用し、さらに「俊芿国師」を詳しく記載しているが、近世の地誌とくらべるとずいぶん簡潔である。

（三）『熊本県史跡調査報告第一回』

熊本県教育会による名勝・旧跡・古墳墓・天然記念物の調査報告書で、一九一八（大正七）年に刊行された。「道君首名の遺跡」として、首名の業績と味生池のことを記している。執筆は古賀徳義・平野乍・村上憲吉の連名になっている。池辺寺の名も出てはくるが、寺の由来や金子塔などについてはまったく記載がない。むしろ池辺寺よりも高橋東神社の記載が大きく、書かれた時相が反映されている。

3　現代の調査・研究史1――発掘調査前

戦後になると、これまでの地誌の引用や現状調査報告だけではなく、積極的な論考が目立つようになった。

一九五九（昭和三十四）年に松本雅明が「池辺寺考」を著し、金子塔碑文の新たな解釈を示したことで、池辺寺研究の大きな指針となった。

一九六七（昭和四十二）年には熊本市教育委員

会の「熊本市西山地区文化財調査」が実施され、百塚地区が池辺寺の故地として注目されるにいたった。

(一)『高梁史話』

一九五七(昭和三十二)年、安達寿男の著作で、熊本市高橋町の公民館から刊行された地域の歴史書である。「味生の池」「道君首名」の項では、『縁起』などによる伝承だけではなく、地学的な見解から池の生成などを詳しく考察している。「池辺寺」の項でも考察を加えている。古瓦や心礎石については記述がないが、古期の池辺寺を堂床《どうとこ》地区に推定している点は注目される。

(二)「熊本に於ける道君の遺跡」・「ふたたび道君の遺跡について」

一九五八(昭和三十三)年、中川斎により雑誌『日本談議』に掲載された二本の論文である。一本目に道君首名の業績に関連して味生池のことがわずかに記されている。二本目には池辺寺の起源に関する考察がある。首名の没後、足跡を記念するために池辺寺を建立して霊を慰めたという説をあげている。

(三)「池辺寺考」

一九五九(昭和三十四)年に松本雅明により発表された論文である。一九五八年、熊本大学学生の横尾泰宏が堂床地区にて古瓦を採集し、教授であった松本に報告した。ただちに堂床地区・金子塔の再踏査が行われ、その成果として松本が著した。堂床地区では塔跡の心礎石も発見され、瓦の文様による検討から「池辺寺は十一世紀に堂床地区を中心に建立された山林寺院」との見解にいたった。金子塔碑文の新たな釈読を示し、これま

図23　堂床地区近景　南から撮影

での誤読を指摘した。大きな指針を示したことになったが、百塚地区については触れていない。

（四）『熊本市西山地区文化財調査報告書』

戦後の急激な開発ラッシュにより未知の文化財が多く破壊され、文化財の詳細な把握が急務となり、熊本市全域において分布調査が実施された。まず一九六七（昭和四十二）年度に、果樹園造成が盛んであった西山《せいざん》地区とよばれる熊本市西部の山間地域から着手され、「独鈷山周辺地域」「池ノ上地域」として池辺寺関連の文化財が詳細に調査・報告されている。

池の上地区の池辺寺を「後期池辺寺趾」、それ以前の池辺寺を「池辺寺廃寺址」と呼称している。池辺寺廃寺址では、乙益重隆が松本の「池辺寺考」と各地点の踏査成果を基に、考古学による論考を記載している。百塚地区の踏査によりA・

図24　百塚地区近景　北東から撮影

B地点に分け、金子塔に記す根本御座所の址と指摘している。採集した瓦の文様の考察も行い、他の寺院跡との比較検討から平安時代中期には創建され、金子塔にある「貞元元年焼失」の記事を史実と想定している。堂床地区には、百塚地区と一連の建物として三重塔があり、同時期に焼失したとする。馬場上《ばばどん》地区・来迎院《らいごういん》地区も踏査し、採集された二体の胎内仏を紹介し、この地区も池辺寺にかかわる区域と考えている。これらを総じて初期天台密教の様式である山岳寺院と判断し、その中枢を百塚地区に想定した点は、池辺寺の長い調査・研究史のなかで大きな到達点と評価される。

後期池辺寺趾では鈴木喬、文書・石造物の紹介では森下功・東光彦・坂為清による報告が掲載されている。

（五）「味生池と池辺寺」

西山地区報告書では味生池の記載がなかったためか、鈴木喬が別稿で発表している（一九七二年）。周辺地形などからの考察により、味生池は本来自然の湖で、首名は堰堤を築いたと想定している。さらに、池辺寺は堰堤の安全を祈願した寺として創建され、天台宗の流行期に山岳寺院となったと推察している。

（六）「味生池考」

一九八〇（昭和五十五）年、村井眞輝による論考である。地誌記載内容の比較検討、一九五三（昭和二十八）年水害記録、井芹川河口遺跡の調査成果を基にして、味生池の位置、生成と埋没の過程を考察している。

（七）「中世肥後金峰山系の修験について」

一九八五（昭和六十）年、阿蘇品保夫による論考。中世・近世における金峰山系修験に、池辺寺が強くかかわっていたことが示されている。

4　現代の調査・研究史2——発掘調査後

一九八六（昭和六十一）年より、熊本市教育委員会は百塚地区・堂床地区の発掘調査に着手し、大きな成果を得ている。近年の研究はこの一連の調査成果を基にして、とくに考古学・文献史学で多くの論考・報告が出されている。

（一）『池辺寺跡発掘調査概報Ⅰ』

一九九三（平成五）年に熊本市教育委員会が刊行した発掘調査の概要報告書。一九八六年度、味生池推定地の南側に位置する清水原《しみずばる》遺跡の確認調査を初めとして、堂床地区・百塚地区C地点の発掘調査が始まった。詳細は次章以降にて記述するが、一九八六年度以降調査が継続されている。調査担当者である大城康雄により、最初の報告書として概報Ⅰが刊行された。

以後、大城康雄により調査成果の報告・論考が各誌にてつづいた。

(二)『池辺寺跡Ⅰ』発掘調査報告書

一九八六(昭和六十一)~一九九五(平成七)年度の本報告書で、一九九六(平成八)年に刊行された。大城康雄による調査成果の報告と総括、網田龍生・金田一精・美濃口雅朗・竹田宏司による各遺物の報告が掲載されている。さらに付論(考察)として六名の論考も掲載され、多分野による総合調査報告書となっている。

大城は、百塚C地点建物群背後に並ぶ一〇〇基の石積みは地名の由来となる百塚であるが、塚ではなく塔と評価し、金子塔に記された百塔と結論付けた。時期・変遷としては、「平安時代当初に堂床の地で祭祀行為が行われ、それにともなうものなのか不明であるが、小型の瓦をもつ堂塔が建てられたものと思われる。その後九世紀前半頃に寺の中心は百塚に移り、本格的な堂塔が造営されることになる。しかし、九世紀末から十世紀初頭にかけて廃寺となることが予想される」としている。

澤村仁は、「池辺寺の建築と古代の山寺」を載せている。建築学の立場から百塚C地点建物群の詳細な復元と性格付けを行っている。実際に遺構を観察した上での考察である。百塔については、旧来の構造は不明としながら、性格としては立体的な配置の曼陀羅《まんだら》と百塔巡礼を想定している。さらに、古代山岳寺院の事例を建築学から紹介している。

富田紘一は「西山地区の古瓦関係資料の紹介」と題し、池辺寺近隣の上高橋町・千金甲《せんごんこう》瓦窯跡出土瓦を紹介している。考察として、千金甲窯で焼かれた八世紀前半の瓦は創建期の池辺寺に使用されたもので、独鈷山など味生池の周辺を候補地と推定している。

栗原和彦は「池辺寺の鬼瓦」と題し、大宰府や肥後の古代寺院から出土した鬼瓦との比較を行っている。池辺寺鬼瓦は大宰府式鬼瓦を祖形とすると評価している。

阿蘇品保夫は「肥後金峰山系の修験と池辺寺」と題し、前稿に概説的な部分を加え、さらに金子塔の意義について考察している。金子塔は、池辺寺が金峰山系において権威ある行場であることを修行者に教えることを目的とし、金峰山から下りてきた道沿いで池辺寺の領域の入口に立てられたと考えている。その理由としては、池辺寺が池の上地区に移って修験系の性格が弱まり、金峰山系での権威が失われていたためとしている。

鈴木喬は「文献より見た池辺寺史」と題して、文字資料を主体とした「池辺寺の手引書」ともいえる論考をまとめている。中世の文書、近世の地誌や『縁起』、石造物や伝承など池辺寺にまつわるものを詳細に紹介し、それらに関連する資料も紹介しながら考察を加えている。

坪井清足は「遺跡の保存について」と題して、池辺寺（とくに百塚C地点）の価値をまとめ、保存方法や課題について述べている。

（三）『新熊本市史』

熊本市では、市制施行一〇〇周年記念事業として『新熊本市史』編纂が一九八八（昭和六十三）年から始まった。池辺寺に関しては、『史料編・

考古資料』、『別編：民俗・文化財』、『通史編：自然・原始・古代』、『通史編：中世』の四巻において記載されている。それぞれの概略をまとめると、以下のとおりである。

『考古資料』では、大城康雄が池辺寺関連遺跡を六カ所に分けて調査成果や遺跡の概略などを説明し、前川清一が金子塔などの石造物の解説を記している。

『民俗・文化財』では、指定文化財の解説として、今村克彦が池辺寺跡を、大倉隆二が伝来宝物や仏像を、鈴木喬が石造物や文書を記載している。

『通史：古代』では、板楠和子が文献史学の立場から池辺寺跡の調査成果をまとめ、背景にも論及している。

『通史：中世』では、大倉隆二が美術史の立場から古代の仏教を概説し、天台宗としての池辺寺を考察している。阿蘇品保夫は、金峰山系修験の解説として池辺寺や関連物を記し、金子塔の意義や中世池辺寺の展開を考察している。

(四)「池辺寺に関する基礎的考察」ほか

板楠和子は、一九九九（平成十一）年・二〇〇三（平成十五）年にも池辺寺創建の背景や池辺寺を題材とした平安時代前期の仏教政策などについての論を発表し、二〇〇五（平成十七）年にはその詳細を著している。

飽田郡司である建部君一族の奈良時代からの仏教とのかかわりを示し、池辺寺は建部君一族の関与によって建立・維持されていたと想定している。また、『日本霊異記』『三宝絵詞』など文献に記載された事例から、百塔の性格についても考察している。

（五）「池辺寺伝承の変容をめぐって」

二〇〇一（平成十三）年、佐藤征子は近世地誌と『縁起絵巻』の記載内容を比較し、民俗学の視点から考察している。

（六）『池辺寺跡Ⅱ～ＸⅠ』発掘調査報告書

一九八六（昭和六十一）年度から熊本市教育委員会によって調査が継続されているが、一九九五（平成七）年度までは大城康雄が担当し、一九九六年度からは網田龍生が担当している。発掘調査報告書として、『池辺寺跡Ⅱ』（一九九九年）～『池辺寺跡ＸⅠ』（二〇〇九年）を執筆している。

百塚Ｃ地点の周辺地区を主体とした年度ごとの調査報告で、土器の一括資料から細かな年代想定を行っている。それにより、九世紀代の池辺寺の構成がわかってきている。

（七）「池辺寺瓦考」

二〇〇七（平成十九）年、金田一精は百塚地区・堂床地区出土瓦の文様・技法を観察し、熊本県内の古代寺院出土瓦と比較することで系譜を考察し、池辺寺跡の時期的位置づけを行った。なお、金田はこれ以外にも『池辺寺跡Ⅰ』において出土瓦の分類・編年案を提示し、『池辺寺跡Ⅸ』においては出土瓦の量と構成比に着目して屋根景観についても提言している。

（八）『史跡池辺寺跡保存整備基本構想書』

熊本市教育委員会は、二〇〇七（平成十九）年度に池辺寺跡整備事業の基本構想を策定した。整備は短期・中期・長期の段階ごとに計画されている。資料編として、これまでの調査成果の総括や周辺の歴史環境なども掲載されている。

Ⅳ　池辺寺跡の発掘調査歴

後期池辺寺跡とよばれる池の上地区から百塚地区にいたる途中、妙観山の尾根が平川沿いに突き出た区域を堂床とよんでいる。字名は柿木平で、堂床は通称地名である。標高は七五メートル前後である。百塚地区のある平川沿いの谷の入口にあたり、周辺の山や味生池推定地からも明瞭に眺めることができる。

1　一九五八年の踏査

一九五八（昭和三十三）年、横尾泰宏が堂床地区を踏査し、古瓦の散布箇所を確認した。古代の瓦は、表面に布目や縄目が付いており、一見して古い時代のものとわかる。同年、報告を受けた松本雅明は横尾らとともに堂床地区と金子塔を再踏査し、瓦を採集している。堂床地区では心礎石も発見した。百塚地区に関しては記述がない。瓦は熊本大学に保管されている。

2　一九六七年度の踏査

一九六七（昭和四十二）年度熊本市西山地区文

化財調査として、乙益重隆・鈴木喬らにより百塚地区・堂床地区など関連各所の踏査が実施された。瓦の年代観から平安時代中期には百塚地区を中心に山岳寺院として建立され、金子塔碑文のとおり貞元（九六七）元年に焼失したとの結論にいたった。このときに採集された瓦・土器は、現在、熊本市立熊本博物館に保管されている。

百塚地区は、熊本市池上町大字平の集落地からさらに奥に入った谷の付け根に位置し、字西平山に所在する。百塚も通称地名で、地誌にも古くから記されている。塚のような石の集まりが無数に見られることから付いた地名であろうが、百塔という言葉に由来する可能性もあろう。

3　一九八六年度の調査着手

味生池推定地南側の清水原遺跡にて市営団地建設が計画され、確認調査の実施が必要となった。熊本市教育委員会は、堂床地区・百塚地区もあわせて重要遺跡確認調査事業として取り組むこととし、文化課の上原章広・大城康雄が調査担当者となった。なお、一九八六（昭和六十一）年度以降の出土遺物は、熊本市教育委員会の文化財収蔵庫に保管されている。

清水原遺跡では調査区内に遺跡が確認されなかったが、堂床・百塚地区では大きな成果が得られた。堂床地区では大岩の脇から多量の土器が出土したが、造成や耕作によって遺跡の残存状態はよくなかった。百塚地区では、A・B地点がミカン畑で調査ができず、西側上手の雑木林内をC地点として着手した。ここは「侍の塚があるから開墾してはならない」と戒められていた土地で、枯葉の下は石だらけの状態であった。

まず、道路沿いのやや平坦な区域を調査区とし

表１　池辺寺跡調査事業経過

調　査

昭和61年度：百塚地区C地点，堂床地区A・B・C区
昭和62年度：百塚地区C地点
昭和63年度：百塚地区C地点
平成元年度：百塚地区C地点
平成２年度：百塚地区C地点
平成３年度：百塚地区C地点
平成４年度：百塚地区C地点
平成５年度：百塚地区C地点
平成６年度：百塚地区C地点，堂床地区C地点
平成７年度：百塚地区C地点
平成８年度：百塚地区C地点
平成９年度：百塚地区A・C地点，烏帽子地区
平成10年度：百塚地区A地点
平成11年度：百塚地区A地点，堂床地区
平成12年度：池の上遺跡（後期池辺寺跡）
平成13年度：百塚地区A・C地点
平成14年度：百塚地区A・B地点，馬場上地区，前原地区，平居屋敷地区
平成15年度：烏帽子地区
平成16年度：百塚地区C・B地点，烏帽子地区
平成17年度：烏帽子地区
平成18年度：烏帽子地区，金子塔地区
平成19年度：烏帽子地区，金子塔地区
平成20年度：金子塔地区

報告書刊行

平成４年度：『池辺寺跡発掘調査概報Ⅰ』
平成７年度：『池辺寺跡Ⅰ（百塚遺跡C地点・堂床遺跡発掘調査報告書）』
平成10年度：『池辺寺跡Ⅱ（平成８・９年度発掘調査報告書）』
平成12年度：『池辺寺跡Ⅲ（平成10・11年度発掘調査報告書）』
平成13年度：『池辺寺跡Ⅳ（平成12年度発掘調査報告書）』
平成14年度：『池辺寺跡Ⅴ（平成13年度発掘調査報告書）』
平成15年度：『池辺寺跡Ⅵ（平成14年度発掘調査報告書）』
平成16年度：『池辺寺跡Ⅶ（平成15年度発掘調査報告書）』
平成17年度：『池辺寺跡Ⅷ（平成16年度発掘調査報告書）』
平成18年度：『池辺寺跡Ⅸ（平成17年度発掘調査報告書）』
平成19年度：『池辺寺跡Ⅹ（平成18年度発掘調査報告書）』
『史跡池辺寺跡 保存整備基本構想書』
平成20年度：『池辺寺跡Ⅺ（平成19年度発掘調査報告書）』

指　定

平成９年度：百塚地区C地点（平成９年度９月11日，14,534.63㎡）
平成13年度：百塚地区A地点（平成14年度３月19日，3,542.97㎡）

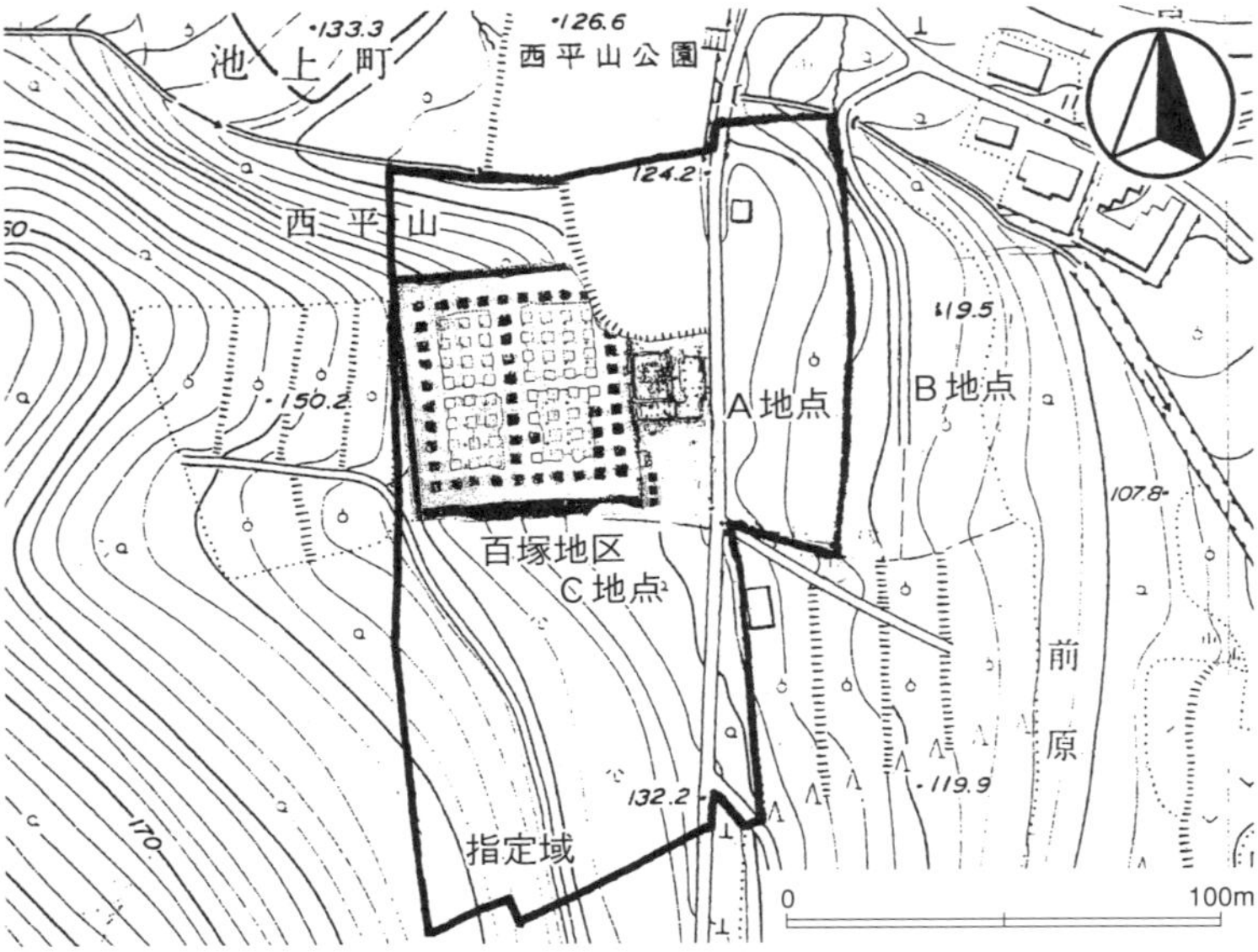

図25　百塚地区の地形

た。翌年度に入ると、礎石・瓦・塼《せん》（床敷き用のレンガ）が出土し、建物遺構が存在することがわかった。塼は、格式が高い古代寺院の中枢となる建物に用いられるもので、重要な遺物である。文化庁との協議の結果、百塚C地点では次年度以降にも調査を継続し、全容解明を目指すこととなった。

百塚C地点は、西から東に開く谷の奥に位置し、東に下る緩斜面である。遺跡背後（西）からは傾斜が急になる。谷幅は約二五〇メートルで、C地点においては二本の小尾根が延びる。二本の尾根にはさまれた幅約一〇〇メートルの範囲はていねいな造成がなされ、主要遺構である建物群と石塔群が配置される。北側尾根の北外は急傾斜で、直下の谷川とは一〇メートル以上の比高差がある。南側尾根の南外は一度谷状に落ち、緩やかな傾斜になる。

図26　百塚地区C地点での発掘調査

4　百塚地区C地点の調査

一九八七（昭和六十二）年度に入って礎石建物群が検出され、翌年度には検出段階での実測作業に入った。建物群西側の斜面でも石の集まりが多数認められたため、調査実施の交渉を行い、年度の後半から伐採作業に着手した。一九八八年度からは担当者は大城康雄のみとなっていたが、調査体制の充実を図るために、各分野の専門家らによる「池辺寺跡調査指導委員会」を発足させた。

一九八九（平成元）年度にはおおむね礎石建物群の調査が終了し、西側斜面部に調査の主体を移した。一九九一年度からは検出作業に入り、斜面に散乱する元位置ではない「動いた石」を除去すると一辺二・四メートルの方形石積みが検出された。一九九二年度には外側を石塁が囲んでいることがわ

図27　百塚地区Ｃ地点　建物跡の礎石と塼

かった。一九九三年度からは石積みの総数・配置を確認する作業に入り、一〇×一〇列の一〇〇基の石積みが整然と並んでいることがわかった。その過程で宝珠・相輪などの石製品が出土し、石塔跡との結論を得た。すなわち、一〇〇基の石塔は金子塔に刻まれた「百塔」であると判断され、遺跡の評価はさらに高くなった。

まず一九九四年度には、県史跡に指定された。一九九五年度は本報告書の作成を行い、年度末に刊行された。

そして一九九七（平成九）年九月十一日、百塚地区Ｃ地点は国史跡に指定された。

5　周辺地区の調査

一九九四・九五（平成六・七）年度にも堂床地区と金子塔で若干の作業を行っていたが、一九九九

図28　百塚地区Ｃ地点　石塔群の検出前

六（平成八）年度からは周辺地区に調査の主体を移して、調査事業を継続している。なお、一九九六年度からは大城から網田龍生に担当を交代している。

一九九六年度は、百塚Ｃ地点南側の尾根を調査区とした。尾根頂部に東西に石塁が検出され、それと直行する短い石塁や方形の石積み二基も検出された。

一九九七年度は、Ｃ地点南側尾根のさらに南側谷地（竹林）、百塚Ａ地点のミカン畑、烏帽子《えぼし》地区の畑で確認調査を実施した。Ｃ地点南では遺構は検出されていない。百塚地区は、西上位から東下位に向かってＣ—Ａ—Ｂの順で地点名称がつけられている。Ａ地点では小規模なトレンチを掘ったところ、広い範囲で遺構が残っていることがわかった。

烏帽子地区は、百塚地区の西背後の山の南東方

図29　烏帽子地区近景　南西から撮影

向に延びた尾根筋と南側への斜面一帯を指している。この山は地元で「あかはげ」とよばれているが、『池水樵語』には池辺寺の西の拠点として「赤羽毛山（城）」の記述があることから、この山を赤羽毛山と記すことにする。なお近世の地誌では、この山を妙観山とよんでいたようでもある。

一九九七年度は、南斜面の畑の三カ所で確認調査を行った。上位畑からは多量の土器を廃棄した土坑群が、中位畑からは小規模な掘立柱建物が検出された。百塚地区と同時期の遺跡である。

一九九八・九九（平成十・十一）年度は、百塚A地点で調査を実施した。一九九七年度のトレンチ調査を基に広く調査区を設定し、園池・鍛冶工房・祭祀遺構・土坑墓群・溝など多種の遺構が検出された。C地点建物群の前庭部にあたり、二〇〇二（平成十四）年三月十九日に追加指定された。

図30　池の上地区近景　南から撮影

一九九九年度には、堂床地区でもトレンチ調査を実施した。これまでの成果と同様、遺構はほとんど残っていないが、表土中には多量の遺物が含まれていた。

二〇〇〇年度は、池の上地区で発掘調査を実施した。池の上地区は、妙観山の南東に延びた尾根の先端部分に位置しており、井芹川をはさんで独鈷山と対峙している。字北小路《きたしようじ》に所在するが、地元では「池の上」とよぶ。池上公民館（旧日露戦争紀念堂）の建て替えにともない、発掘調査を実施した。明確に池辺寺のものといえる遺構はとらえられなかったが、各時代の柱穴・土坑・石垣などや多量の遺物が出土している。古代ではとくに八世紀後葉〜九世紀前葉の遺物が多かったが、池辺寺にともなうものかわからない。一九九五年にも、近隣で発掘調査（個人住宅建設）が実施され、石垣・石段が検出されている。ここでも池辺寺との関係は不明瞭であった。

　二〇〇一年度は、百塚A地点とC地点で調査を実施した。A地点では、一九九八・九九年度調査区の南隣のミカン畑でトレンチ調査を実施した。遺構はなかったが、遺物は多く出土した。C地点では礎石建物群の南側平坦地を調査区とし、方形の石積みが四基検出され、うち三基は石垣の手前に並んでいた。

　二〇〇二（平成十四）年度は、馬場《ばば》上《どん》地区・百塚AB地点・前原《まえのはる》地区・平居《たいらい》屋敷《やしき》地区で調査を実施した。馬場上地区は、東平山から南東に延びた尾根端の丘陵地で、堂床地区とは平川の流れる深谷によって隔てられている。丘陵上の傾斜は緩やかであるが、周囲の斜面は急傾斜が多い。馬場上は小字名であるが、読みは通称であろう。四カ所で調査を行い、古代・中世の溝・土坑などが検出されている。胎内仏採集地点でもあり、池辺寺に関連する遺構群の可能性がある。胎内仏とは仏像の胎内に納められた小さな仏像のことで、十一世紀以降に多いとされる。

　百塚A・B地点は、一九九八・九九年度調査区の東隣のミカン畑で、地点名称は別れるが隣り合った畑である。地形でも連続している。溝・土坑などが検出された。

　百塚地区の東側で、平川の南岸は字前原、北岸は字平居屋敷である。百塚から地形が連続しており、土器片が散在している。小字名を地区名称として、調査を実施した。前原地区では道路跡が検出された。平居屋敷地区では遺構はなかったが、遺物は出土する。

　二〇〇三〜〇六（平成十五〜十八）年度は、烏帽子地区を調査の主体とした。尾根筋の雑木林や南側の畑に調査区を設定し、遺跡の範囲・内容の把握につとめた。多くの遺構・遺物が出土し、百塚地区と共存した主要区域であることがわかった。

二〇〇三年頃からイノシシが遺跡を壊す被害が出始め、翌年度には百塚地区C地点でそれにともなう調査を行った。

二〇〇六年度の後半には金子塔周辺の踏査・測量を行い、二〇〇七・〇八（十九・二十）年度に確認調査を実施している。

二〇〇九年度以降も各地区の確認調査を継続し、かつ百塚地区の整備事業に必要な調査を実施していくことになっている。

V　各地区の調査成果

1　百塚地区C地点

（一）礎石建物群

道路沿いの小高い平坦地からは、礎石建物六棟（SB・SC01〜06）が検出されている。東を正面とする建物群で、中央西奥に本堂というべき中心建物（SB01）を構え、回廊様に五棟の建物が囲む。各建物は基壇をもち、基壇外側は安山岩の自然石・割石を一〜四段積んで補強している。SB01の西側は、さらに板石を立てて基壇の化粧を施していたようである。基壇の高さもSB01が最も高く、次いでその南北の建物、東の三棟と低くなる。本来が斜面地であるためであろう。

建物構造については、澤村仁が報告書『池辺寺跡I』のなかで詳細に論じている。以下に澤村の考察と事実記載をあわせて述べる。

SB01は三間×三間の建物で、一六個の礎石のうち五個は現存しない。柱間は南北に長い。床には塼《せん》が敷かれている。塼は土師《はじ》質で、橙色を呈している。中央四個の礎石間には塼がなく、石列

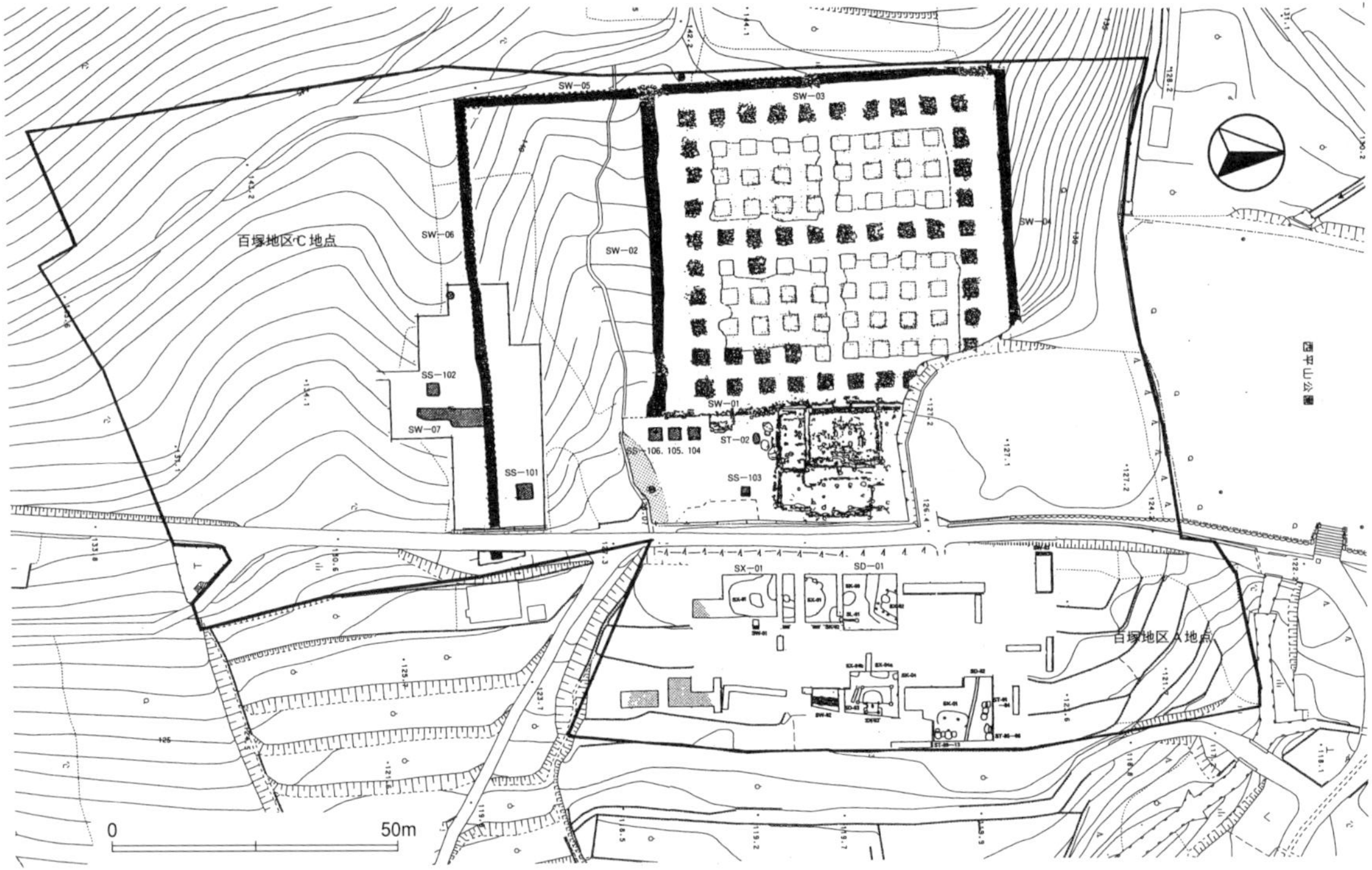

図31　百塚地区　遺構配置図

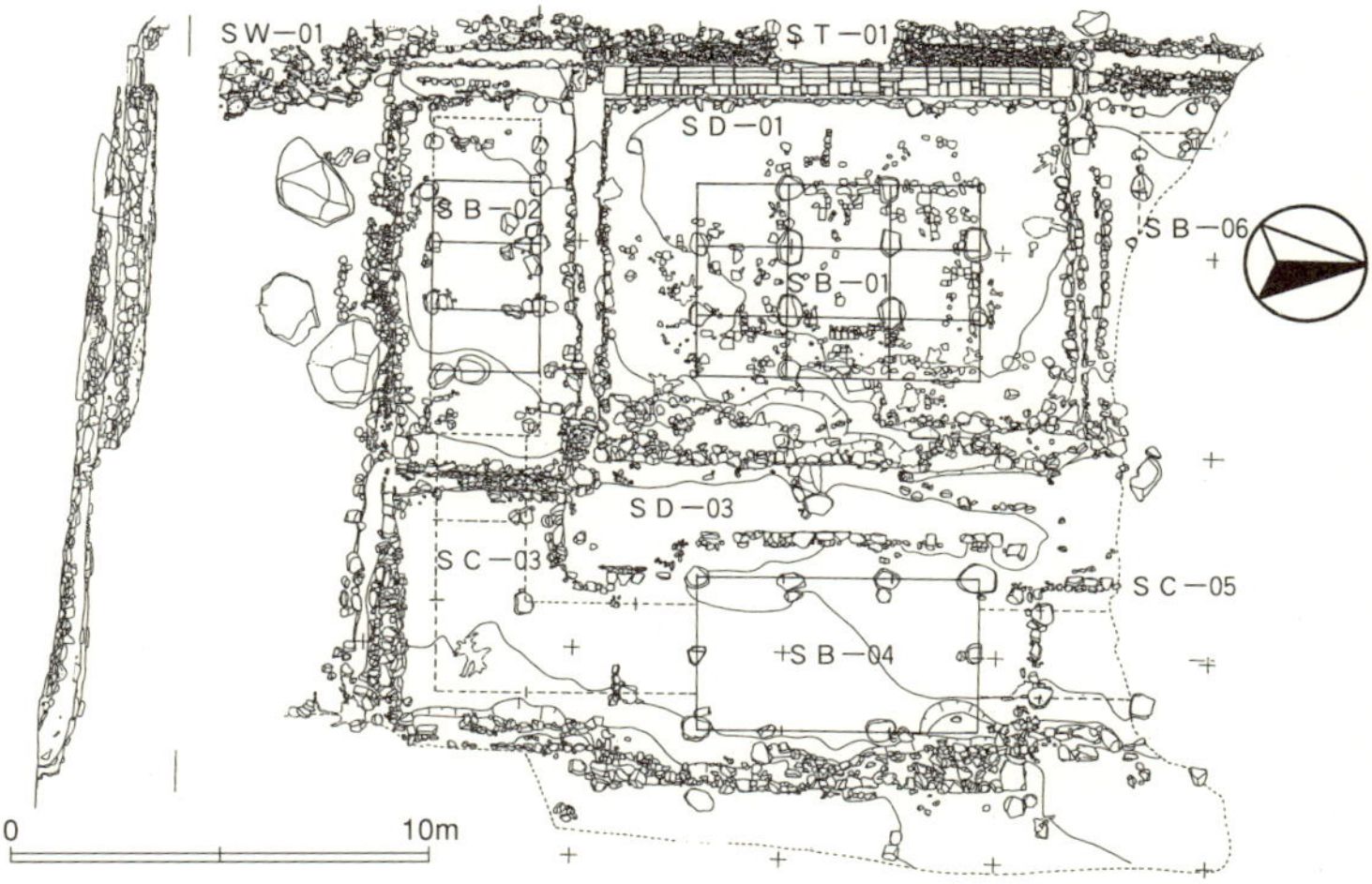

図32　百塚地区Ｃ地点　礎石建物群配置図

などの区画はないが須弥壇《しゅみだん》の跡と考えられる。須弥壇とは、仏堂の中央などに本尊を安置するために一段高く設けられた場所である。百塔を拝むためには、須弥壇後方の来迎壁はなかったであろう。軒の出が大きく、鬼瓦が少ないので屋根形状は寄棟造と考えられる。単層建物ながら野小屋をもった構造で、かつ建物間に雨落ち溝がある点は平安時代前期の特徴といえる。

ＳＢ０１の南北両側は、八〇《センチ》程低く、五間×一間の建物である。屋根は切妻造と想定される。北側建物（ＳＢ０６）は大半が失われているが、南側建物（ＳＢ０２）と対称であろう。小礎石をもつので板床張りで、周囲に縁が回っていたと想定される。ＳＢ０２の南側には二《メートル》程の大岩が二個あり、それにはさまれた岩は地面の高さまで割ってある。階段状の石列（ＳＴ０３）もあり、南側からも出入りしていたことがわかる。

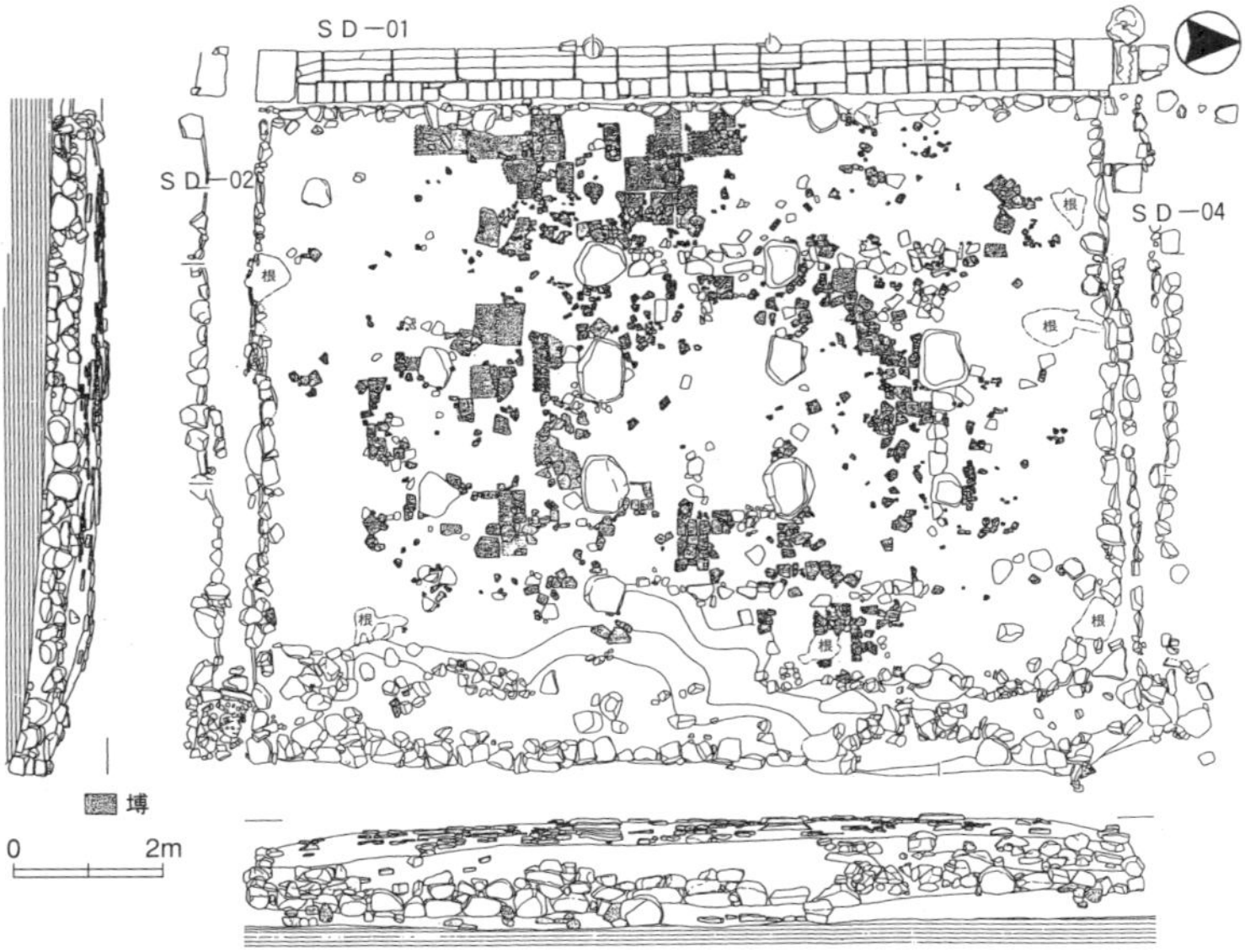

図33　百塚地区Ｃ地点　SB−01平面・立面図

ＳＢ０２の東側は、さらに八〇《センチ》程低く、Ｌ形の回廊状建物（ＳＣ０３）である。これも板床張りと想定される。ＳＣ０５が対称となり、渡廊と儀式着席場を兼ねたものと思われる。

ＳＢ０４は、中心建物（ＳＢ０１）の東正面に位置し、一・五《メートル》ほど低い。二間×三間の建物である。内部に礎石はないが、床張りで、門を兼ねた礼堂（本尊を礼拝するための堂）と思われる。

三棟の堂が接続する配置や規格は、比叡山延暦寺の最初の根本中堂（推定復元）と類似する。なお、延暦寺では薬師堂を中心に左右に文殊堂と経堂を配置し接続させている。

百塚地区ではＡＢＣ地点とも瓦が出土するが、とくにＣ地点建物群周囲の溝から集中的に出土し、そこから離れるほど出土量は少なくなる。さらにＳＢ０１の周囲からの出土が全体の八五％を占め、他の建物周囲からは少ない。百塔域からは

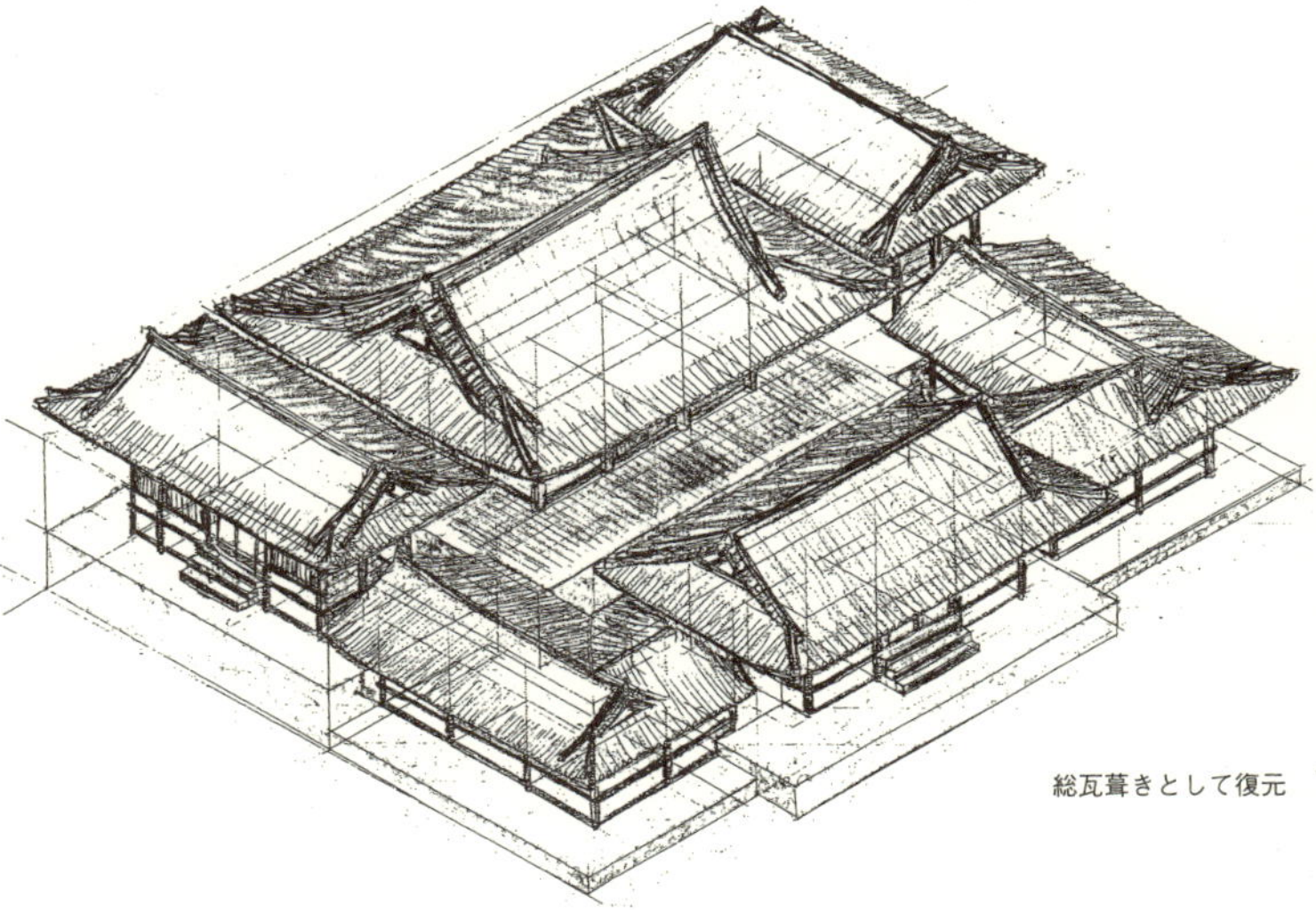

図34　澤村仁による建物復元図（『池辺寺跡Ｉ』）

出土していない。

　よって瓦の出土量・位置から、瓦の使用は一部建物に限定される。澤村はＳＢ０１・０２・０６の三棟が瓦葺き、ＳＢ・ＳＣ０３〜０５の三棟を檜皮葺きか柿葺きと想定したが、金田一精はＳＢ０１のみが瓦葺き（甍棟《いらかむね》）で、他は瓦葺きではなかったと想定している。

　これまでに百塚地区で出土した瓦は約一〇四五キロで、うち丸瓦は三九三キロ、平瓦は五二二キロである。おおまかな計算だが、丸瓦一八〇〜二〇〇枚、平瓦一〇〇〜一五〇枚分に相当する。また、丸瓦のうち三分の一は軒丸瓦、平瓦のうち二分の一が軒平瓦である。

　図34のような屋根構造だとすると、ＳＢ０１だけでも丸瓦一五〇〇〜一七〇〇枚、平瓦はその二〜三倍の枚数が必要となる。また、軒先瓦の比率は一割に満たないことになる。

図35　百塚地区Ｃ地点　SD−01　暗渠部分

つまり、周囲に未出土の瓦があるとしても、屋根のすべてが瓦葺きであったとは考えられない数値である。出土状況から考えても、瓦葺建物はＳＢ０１のみであろう。枚数の他に軒先瓦の比率、鬼瓦の数なども考慮すると、「甍棟」とよばれる大棟・降棟部分のみに瓦を葺いた形態が想定される。他の部分やＳＢ０１以外の建物は、板葺きあるいは桧皮葺きであったと思われる。

各建物の軒下には雨落ち溝・排水溝（ＳＤ０１〜１１）がともなう。基壇の間が溝となるため、自然石にはさまれた溝である（ＳＤ０１以外）。溝は補修・補強の痕跡が認められ、雨水処理の苦労や工夫をうかがうことができる。溝からは多くの瓦・土器が出土している。土器はおもに九世紀後葉のものと思われ、建物群が廃棄された時期を示している。出土する土器・瓦のうち古いものは、九世紀前葉のものと想定される。

図36　百塚地区Ｃ地点　ST−01

中心建物の西背後の溝（ＳＤ０１）だけが、特別なつくりをしている。敷き詰められた板石に溝が彫り込まれ、両端は暗渠になっている。中央に幅三メートル三〇センチの階段（ＳＴ０１）が設けられ、その両側には小さな玉砂利が敷かれている。階段手前の敷石には左右対称に柱穴が穿たれてある。玉砂利の外端、軒先の角の直下には雨水を受けたと思われる細工のある石が据えられている。本来は見えないような建物背後に非常に精巧な造作の溝・階段が設けられており、この発見は建物背後の空間に重要なものがあることを示唆すると同時に、建物群が背後の百塔を礼拝するためのものであったことを示している。

（二）石垣と階段

建物群の背後には高さ一メートル程の石垣（ＳＷ０１）が約四〇メートルの長さで検出された。崩壊が激し

図37　百塚地区Ｃ地点　ST−02

く、本来の高さはよくわからない。建物群のある平坦な区域と百塔のある斜面とを区画し、視覚的にも、区画の意味からも、また土地形状の維持からも重要な石垣である。斜面を直角に近く削り、安山岩の自然石・割石を粗く積み上げている。

石垣には二カ所に階段が残っている。一つはＳＢ０１の背後にあり（ＳＴ０１）、もう一つは建物群から南側の石垣の中央に幅四メートル強の階段（ＳＴ０２）が配置される。左右対称ならば、建物群の北側にも階段があったと思われるが、地形的には疑問である。他に、建物に付随する小規模な階段が二カ所で検出されている。

(三)　石　塁

石垣（ＳＷ０１）の西側は、東西約五五メートル、南北約六〇メートルの範囲で開けており、傾斜約一二度の斜面に造成されている。その範囲の北側は急傾斜

図38　百塚地区Ｃ地点　崩壊したSW-01と瓦

で平川に向かって落ち、南側は小さな谷と尾根につづく。西側はやや傾斜が強くなっていく。この斜面域を囲むように幅約一・八《メートル》の石塁が築かれている。金峰山系の山々では数《メートル》大の安山岩がいたる所に露出しており、石材として加工が容易なため、土塁のように他の遺跡では土でつくるような構造物を、池辺寺では石でつくっている。

ＳＷ０１の南端から西に延びる石塁をＳＷ０２、斜面西端を南北に延びる石塁をＳＷ０３、北端を東西に延びる石塁をＳＷ０４とよんでいる。石塁の外縁は大きめの石を並べ若干面を揃えた程度で、内側は数十《センチ》大の石を適当に積み上げただけである。崩れているため本来の高さはわからないが、一《メートル》ほどかと思われる。

さらに、ＳＷ０３の南端から南尾根に向けて石塁ＳＷ０５が延長し、尾根頂から東に折れてＳＷ０６が延びる。幅は一・八《メートル》の部分と一・五《メートル》の

図39　百塚地区Ｃ地点　石塔遺構の検出前

部分がある。また、ＳＷ０６の途中で南の谷に向かって延びる石塁ＳＷ０７がある。礎石建物群域および西側斜面域の南側の斜面にも、なんらかの性格をもつ区画があったことがわかる。

（四）石積み

ＳＷ０１〜０４に囲まれた東西約五五メートル、南北約六〇メートルの西側斜面域では、雑木を伐採し薄い表土を除去すると、おびただしい量の石が検出された。元位置ではない石を除去すると、一辺二・四メートルの方形石積み（ＳＳ０１〜１００）が確認された。石積みの間隔も二・四メートルで、一〇列×一〇列の一〇〇基が整然と配されている。石塁と同様に外側に大きめの石を面を揃えて並べ、内側は乱雑な積み方である。配置は整然としているが、個々の石積みは案外雑なつくりで、いびつなものもある。

塚（墓）かどうかの確認のため、一基のみではあるが内部精査を行ったところ、掘り込みや埋納はなかった。崩壊した多量の石とともに石製の塔部品（宝珠・層輪など）が出土していることから、一〇〇基の石積みは塔を表現したもの（石塔）と判断される。塔部品は形から後世のものではという指摘があるが、崩壊した石の最下部からの出土もあるので、最終的に石塔が崩壊する時には存在していたことになる。建物廃絶後に石塔を積み直した可能性も考えられるが、出土土器は九世紀後葉である。塔部品はさまざまな部位があるが、総数は十数点しかなく、出土位置も百塔域の南半分に限定される。各部位を合わせた復元図を例示（図40）しているが、すべての石塔にこうした形状のものが備わっていたかはわからない。

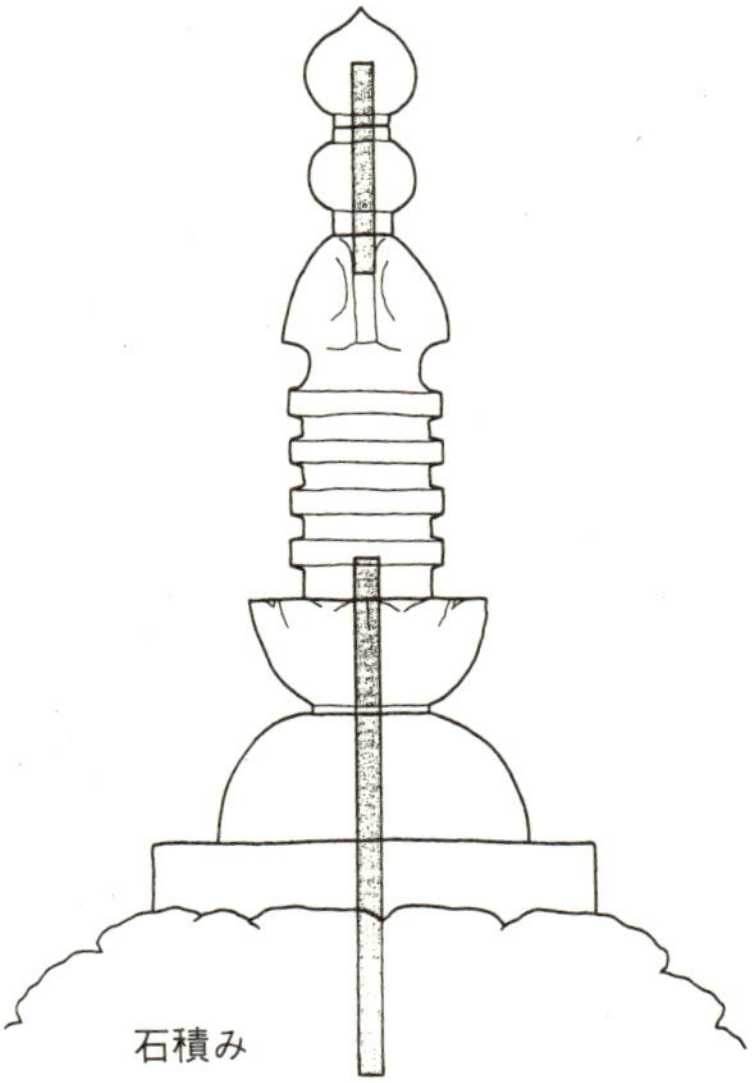

図40　百塚地区C地点　石塔上部復元図（『池辺寺跡Ⅰ』）

石塁脇や石積み手前の地山上に土師器坏の出土が多く、重ねられた状態のものもあった。建物周囲で出土する土器と同じ時期のものであり、同時期に廃棄されていたことを示している。土器のほとんどに黒い油煙がついており、灯明皿として使用していたことがわかる。おそらく万灯会のような光景が見られたのであろう。

一〇〇の石塔は、まさに金子塔碑文にある「百塔」と判断されるが、碑文が示す焼失年代と出土土器の時期感とは約一〇〇年の差がある。一〇〇

図41　百塚地区Ｃ地点　石塔　石製品（宝珠）出土状況

基の石塔とその配置の意味は、古代池辺寺跡の最大の謎で、いくつかの意見が示されている。

調査担当者の大城康雄は、金子塔碑文にあるように百塔は具象化された菩薩を配した空間で、建物群が礼堂としての役割をもつと想定している。また、石塔内に白色の河原石が含まれることに着目し、舎利を象徴するものとして意図的にもち込んだと解釈している。他に参考にすべき意見として、百塔の配置は仏教の世界観を視覚的に表現した曼荼羅とも考えられること、平安時代の仏事としての「石塔巡拝」を例示している。

建築学の澤村仁は、一〇〇基の石塔と解釈した上で、一種の曼荼羅と想定し、胎蔵界や金剛界といった図像形式ではなく立体的に実物を配置した形式のものとみる。さらに平安時代後期に知られる「百塔巡礼」をも実行できたと意義付けている。

図42　百塚地区C地点　石塔　土器出土状況

考古学の坪井清足は、百塔は配置・数から曼荼羅とは考えられないとし、石田尚豊より「天台宗の系列で法華経による造塔供養をあらわした」との教示を受け、一〇〇基の石塔と解釈している。宝珠などの石製品は形式的に時代が新しく、後に個別に石塔を寄進し供養したとも想定している。

文献史学の板楠和子は、参考とすべき平安時代の文献事例を示している。『日本霊異記』にある「子供たちがつくる山道の石塔」は「往来の無事を祈る在来信仰と、石塔をつくって徳を積む仏教の教えが融合したもの」と解釈する。『三宝絵詞』には平安時代前期の天台宗の庶民信仰と仏教行事が記載され、春の行事として「石塔」がある。石塔を築くことで延命攘災・滅罪招福の功徳が得られるとされている。『今昔物語集』の砂曼荼羅供養の記載も示しているが、池辺寺の百塔は数的な配置構造が合わないことを指摘している。

図43　百塚地区Ｃ地点　南側遺構群

板楠は、さらにいくつかの文献に記載される「仁王会」の「百高座（たかみくら）」の事例を示している。仁王会は旱魃・地震・洪水・疫病などの「護国利民」、「転災成福」のための法会で、その制度化には天台宗の円仁が深くかかわっているとされる。八六五（貞観七）年に肥後国司に着任した紀夏井は、円仁より灌頂を受けている。天台宗は、九世紀第２四半期以降、諸国講読師制および地方寺院を延暦寺の系列化に組織することで「天台別院」とし、地方に広まっていった。『縁起』によると、池辺寺は肥後に帰国（九一二年）した僧仙海によって中興され天台別院となったと記されている。平安時代の貴族層では、「御堂供養」として「百堂廻り」、「百塔廻り」が行われていた。池辺寺跡の百塔も、こうした宗教行事や民間信仰の融合した信仰形態によるものと想定している。

図44　百塚地区Ｃ地点　SS-103〜106など

百塔の意味は多くの説があって、まだ特定にはいたっていない。今後の周辺地区での調査成果にも期待しているが、いずれにせよ金子塔碑文にあるように「池辺寺の根本御座所」であるとともに「菩薩の化現」であり、万願・万行が成就されるための装置だったのであろう。

百塚地区Ｃ地点からは、百塔以外の方形石積みも六基検出されている。礎石建物群南側の空間、石塔域にのぼる階段（ＳＴ０２）の南側に三基の方形石積み（ＳＳ１０４〜１０６）が並んでいる。ともに一辺二・一《メートル》で、少なくとも三段以上は直に石を積んでいる。百塔とは構造が異なり、性格も異なると思われる。背後に須恵器甕や土師器坏が棄てられていた。建物の南側には、一辺○・九《メートル》の小型の石積み（ＳＳ１０３）があり、基部のみ残っている。さらに石塁ＳＷ０６の北側斜面に一基（ＳＷ１０１：一辺二・七《メートル》）、南側斜面に一基（ＳＷ１０２：一辺一・八メートル）が配置されている。

(五) 土　坑

百塚Ｃ地点では、掘り込みをもつ遺構は少なく、小規模な土坑（ＳＫ）が二基検出されているだけである。ＳＫ０１は石塁ＳＷ０６の南側から検出された。性格はわからない。

建物ＳＢ０２の南側に小規模な階段（ＳＴ０３）があるが、その南側から浅い土坑（ＳＫ０２）が検出された。ここには大きな岩が三個露出し、中央の岩は地表面まで平たく割ってある。西側の岩の根元には焼土が検出され、土坑内には煤のついた土師器甕が廃棄されていた。この部分がおそらく出入口で、出入口の脇で火を焚いていたことが想定される。

2　百塚地区Ａ地点

百塚地区Ａ地点はＣ地点東側のミカン畑で、段々畑に造成され旧地形をそのまま残す区域はない。造成は昭和二〇年代より行われたが、重機を使用していないため遺跡の残りは良好であった。一九六七（昭和四十二）年には土器・瓦の出土が確認され、とくに鬼瓦や礎石の存在によって池辺寺堂宇の存在地と想定された。

(一) 園　池

Ａ地点の上から一段目の畑では、Ｃ地点建物群および百塔の中心線を東に延長したあたり、すなわち百塚建物群の正面に若干の空閑地がある。その空閑地の南側から、庭園（池）遺構（ＳＸ０１）が検出された。

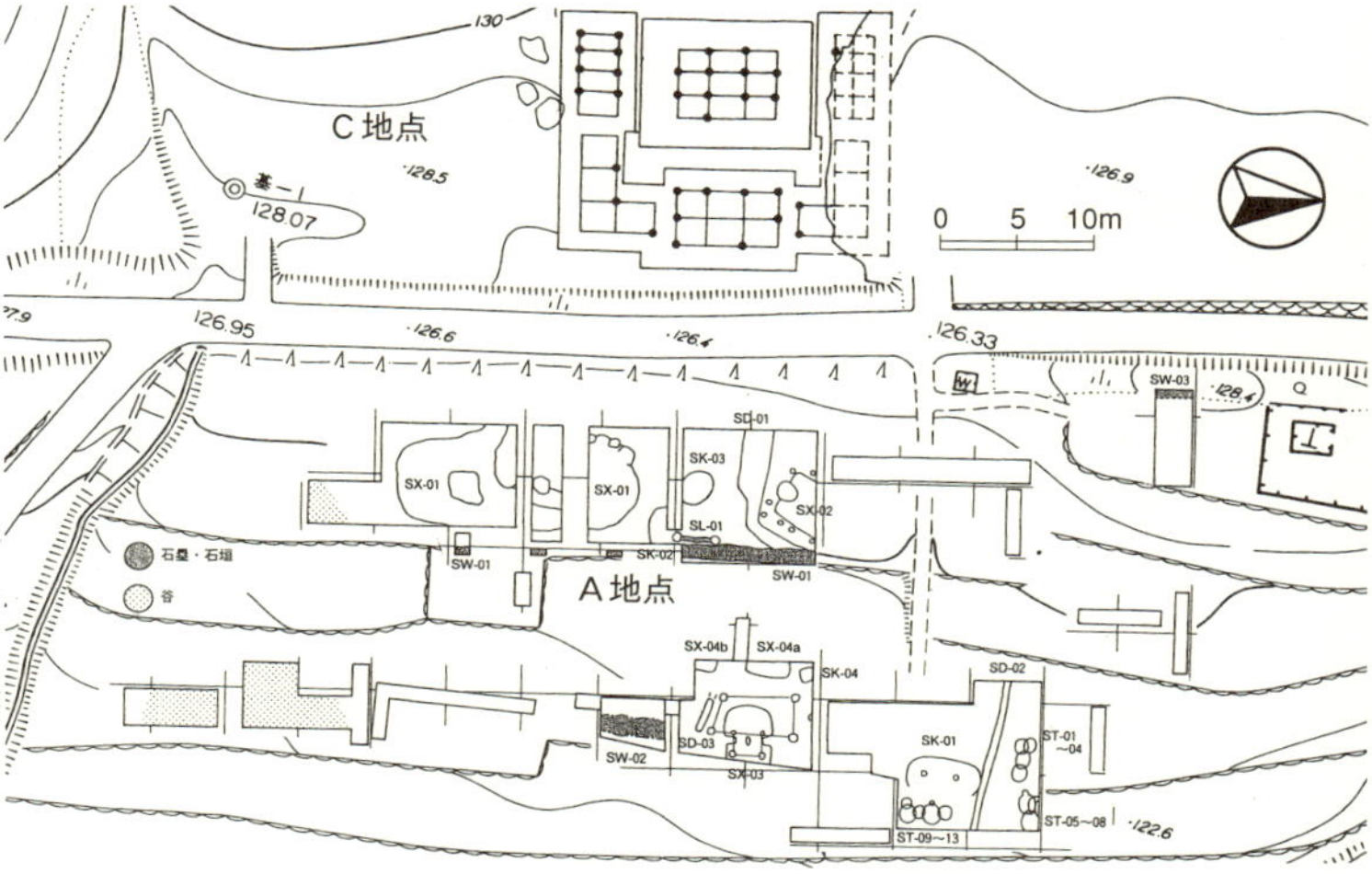

図45　百塚地区 A 地点　遺構配置図

東西七・三メートル、南北一六・三メートルの大きさで、西にはまだ広がる。中央よりやや北側に西から幅五メートル程の出島が延び、池は北と南に分かれている。南側の方が大きく、中央北寄りに二・五メートル程の中島がある。北側は深さが六〇センチ程度あるが、南側は二〇〜三〇センチと浅い。中島の東端と北側の池底に小石が多く、中島が砂利敷きだったことがわかる。池の縁は石列・石積みによって護岸されているが、底は石敷きではない。

取水口は出島の付け根南側にあり、排水口は池の南東隅にある。出島の東側と北側は底の高さがほぼ等しく、取水口から水が入ると北側・南側の池を満たし、排水口からあふれ出るしくみになっている。池底の地山は粘性が強く締まった土であるが、安山岩や風化礫粒を多く含むため水はけがよい。調査中に水が湧いてくることはなく、雨の後も水は溜まらなかった。しかし、池底には砂利

図46　百塚地区Ａ地点　SX−01

が溜まっており、全体的な形態や細部のつくりからも池であることはまちがいない。絶えず水が入り込んでいたか、あるいは雨量が多かったときだけ水を満たす池だったようである。取水口から先は未検出で水源の解明はできていないが、おそらくＣ地点谷部から現在の道路下を通って水をひいていたのであろう。

出島の北側では、池下位から多くの土器・瓦が出土したが、その下からは鍛冶工房で不要になった鉄滓（鍛冶廃棄物）なども投棄されていた。池は、Ｃ地点建物群と同様に九世紀後葉期に廃棄されたようである。

（二）鍛冶工房

Ｃ地点建物の正面（池の北側）には参道域と思われる空閑地と石列（ＳＬ０１）があり、その北側に溝（ＳＤ０１）・鍛冶工房（ＳＸ０２）が検

図47　百塚地区Ａ地点　SX−02

出された。

　鍛冶工房（ＳＸ０２）は短辺三・二メートル、長辺三・二メートル以上の長方形で、南西辺の中央に楕円形の炉が付いている。長方形プランはわずかな土質の違いで線引きしたが、竪穴状の掘り込みではなかった。周囲に柱穴が巡り、小屋のような平地式建物が想定できる。

　楕円形炉は深さ二〇センチ強と浅く、奥が円形に焼けて炭が溜まっていた。手前にかき出した跡がある。鍛冶に使う炭を焼いたのであろう。南東壁沿いには炉床の一部が床に残っていた。床の上からは土器や鉄滓・鉄釘が出土している。微細な鍛冶廃棄物である粒状滓や鍛造鉄片もあり、鍛冶工房とわかった。土器の時期は九世紀後半（中葉～後葉）のものである。ＳＸ０１からも鉄滓とともに鉄釘が多く出土しており、建物補修にともない一時的に設けられた工房と考えられる。

図48　百塚地区Ａ地点　SX-02炉床の一部

（三）溝

鍛冶工房を取り囲む溝（ＳＤ０１）は、上～中位からは鉄滓やフイゴ羽口が出土しているが、下位からは九世紀前葉頃の土器のみが出土した。鉄滓類はＳＸ０２のものであろう。下位（溝底のくぼみ）からは土師器坏が六〇枚重なって出土した。それらのなかには墨書で「友」と書かれた（「祓」の意味か？）ものがあり、なんらかの儀式に用いた土器を埋納した祭祀遺構であろう。土器は堂床地区一括資料と烏帽子地区ＳＫ０２一括資料の中間的形態で、九世紀第２四半期古期に位置づけられる。

土器埋納箇所から南に三～四メートルの位置に土坑（ＳＫ０３）がある。整地層下にある土坑で土器が一点のみ埋納されていた。土器は堂床地区一括資料と同時期のもので、九世紀第１四半期である。百塚地区の造営を始めた時期を示すと思われ

図49　百塚地区 A 地点　SD−01下位祭祀遺構

る。造営に十数年かかったならば、ＳＤ０１の祭祀土器はすべての伽藍造営が整ったときのものかもしれない。なお、金田一精によると創建期の瓦は八二八年前後のものと考えられており、時期的に合致する。

他に、一段目の畑からは廃棄土坑（ＳＫ０２）や石塁（ＳＷ０３）、後世の石垣（ＳＷ０１）が確認されている。

図50　SD−01下位祭祀遺構出土の墨書土器「友」

図51　百塚地区Ａ地点　SX-03

（四）出入口

正面空閑地の延長（北寄り）にて、出入口と思われる遺構（ＳＸ０３）が検出された。傾斜地の上位に半円形の掘り込み、下位に方形の掘り込みがあり、間は幅が狭くなっている。上位掘り込み内には多量の土器が廃棄されていた。土器は九世紀後葉のものである。下位掘り込みには石が多く入っていた。

掘り込み内に四基、外にも四基の柱穴がある。配置から八脚門かと考えたが、柱筋が通らず柱穴の規模・形・深さにばらつきがあることなどから門跡とみることは疑問視されている。しかし、遺構の位置と形態から出入口の遺構ではあろう。

周囲からは、小規模な土坑（ＳＫ０４）、埋納土坑（ＳＸ０４）、石塁（ＳＷ０２）、後世の溝（ＳＤ０３）が確認されている。

図52　百塚地区Ａ地点　ST-06

（五）土坑墓群

ＳＸ０３より下位の北側から竪穴状の大型土坑（ＳＫ０１）が検出された。硬化した床に石が並び、手前から九世紀前葉～後葉の土器が多く出土した。その東・北側には三群一三基の土坑（ＳＴ０１～１３）が検出された。いずれも一メートル強の大きさで、人骨・埋葬容器・棺跡はなかったが、一ないし二点ずつ土器が出土すること、穴の大きさ・重複の様子などから土坑墓と考えている。土器は九世紀前葉から後葉のものと思われる。うち一基（ＳＴ０６）のみ火葬墓の可能性がある。ＳＫ０１は土坑墓群にともなう施設と思われる。

近くには、後世の溝（ＳＤ０２）が確認されている。

図53　百塚地区Ｂ地点　製銅の炉体片

3　百塚地区Ｂ地点

百塚地区Ｂ地点は、元来はＡ地点東側の雑木林（現ミカン畑）とさらに東側にある雑木林と墓地にはさまれたミカン畑（一筆分）のみを指していた。Ｂ地点ミカン畑は人力によって二～三段に造成されており、二〇〇二（平成十四）年度にトレンチ調査、二〇〇四（平成十六）年度には中央部分で小規模な発掘調査を実施した。

Ｂ地点の東側の墓地は古く、十七世紀（元禄年間）から昭和までの土葬墓群である。墓地の東側に里道（小字境）があり、東側は傾斜が急になって平川にいたる。川は北西から南東へ流れている。

図54　百塚地区　復元想像図（『史跡池辺寺跡保存整備基本構想書』）

（一）道路跡

二〇〇二年度調査にて、百塚C・A地点中軸線の延長部に硬化面の疑いのある箇所を確認していた。前原地区で検出された道路跡と百塚C地点建物群をつなぐ参道跡かと期待したが、二〇〇四年度の調査では検出されなかった。現時点では、道路跡の存否は不明である。

（二）土坑など

土坑と思われる遺構を六基検出したが、基本的に検出のみでとどめたため規模・性格などはわからない。柱穴も検出されている。また、岩に囲まれた所から銅生産の炉体が検出された。若干場所が動いているようであった。

B地点では耕作土には遺物が多く、土器・瓦の他、鉄滓や鉄製品、六器と思われる銅鋳型、転用硯なども多い。役人らの帯飾りである石製巡方も出土している。

4　烏帽子地区

百塚地区の西背後の山頂は百塚C地点より一〇〇㍍ほど高く、その尾根筋が南東方向と北西方向に延びている。北西尾根は若干下がった後にさらに高い頂へとつづいていき、くり返しながら主峰の金峰山にいたる。南東尾根は、幅の狭い緩やかな尾根が二〇〇～三〇〇㍍延び、その先は急傾斜で谷に落ちていく。この南東尾根とその南側斜面の一帯を「烏帽子地区」とよんでいる。谷底の中心を東西方向に延びる直線道路は、池上町字西平山と上高橋町字烏帽子の境となる里道で、ミカン畑に開墾されたこの道の両側斜面一帯を地元では「烏帽子開墾地」とよぶため、池上町側も烏帽子地区とした。

（一）土器廃棄土坑

上位畑を主として多くの土器片が落ちていたため、一九九七（平成九）年度に畑三カ所でトレンチ調査を実施した。うち1トレンチ（尾根から五㍍程下）から大量の土器を廃棄した土坑が二基（SK０１・０２）検出された。ともに直径二㍍強の円形・楕円形土坑で、造成・耕作で大きく削られていた。耕作土にも大量の土器片が含まれている。土器はほとんどが灯明皿に使用した土師器坏で、他に埦や須恵器坏などがある。九世紀中頃のもので、祭祀（法会などの仏事）に用いた土器を一括廃棄したと解釈している。

（二）石　塁

1トレンチ調査時に、尾根筋の雑木林内を踏査した。標高一八五㍍あたりは造成したかのように平坦で、岩・石はほとんど見られないが、その背

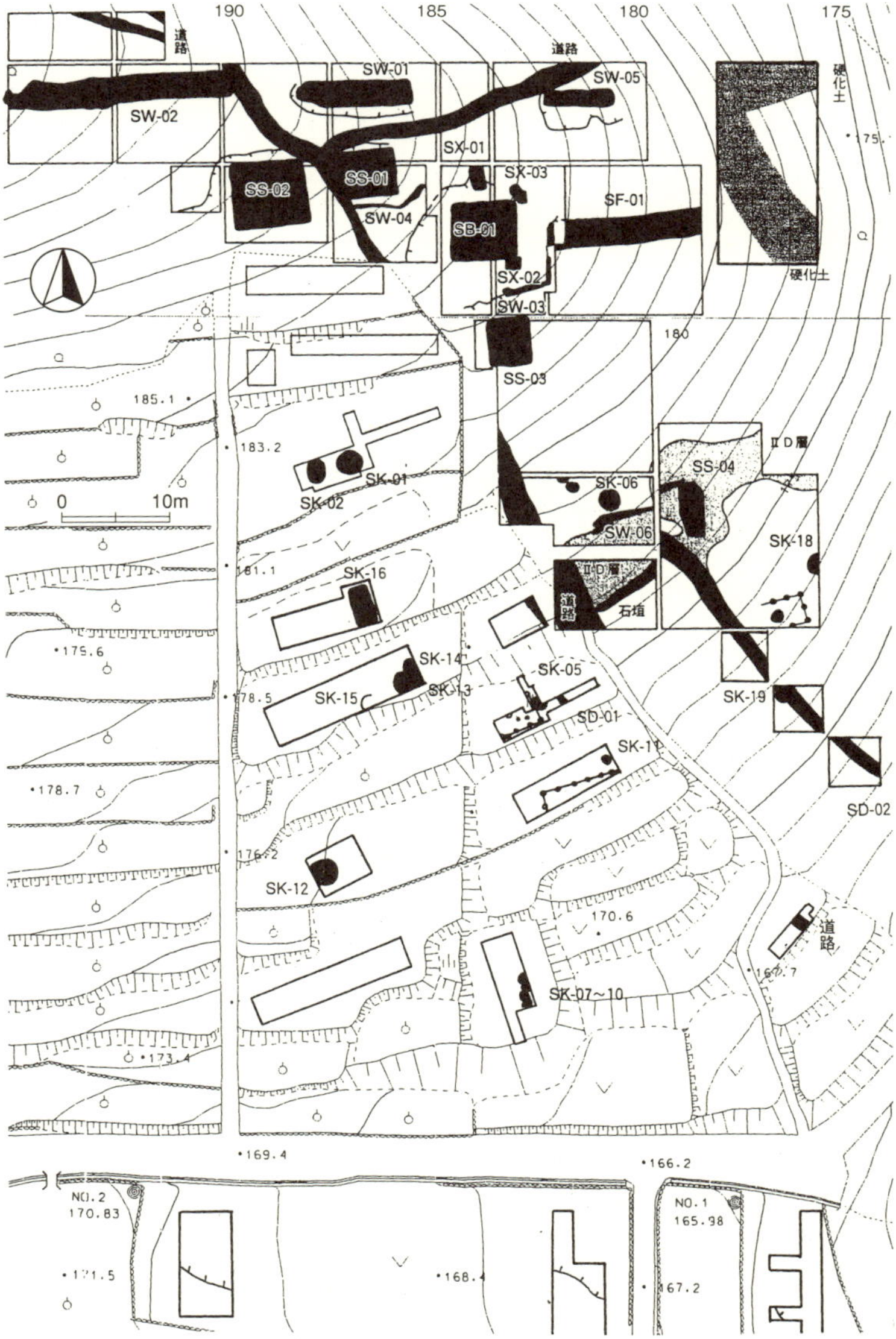

図55　烏帽子地区　遺構配置図

図56　烏帽子地区　SK-01・02

後（西側）は急に一段高くなり、また傾斜が緩やかになる。そこには人がどうにか抱えられるような岩と、割った石が多く見られ、一段下の平坦地とは景観が異なる。岩と石は規則性があるように見え、尾根筋に並ぶ岩と方形に集められた石が、枯葉の下に遺跡が埋もれていることを示唆していた。標高一九一メートルあたりからは一メートルを超えるような岩が多くなり、人為的に割られた石も見られない。ただし、大きな岩も一列に並ぶように見え、どのあたりからが遺跡なのかは一見してわからない。より西側ほど尾根幅はせまく、大きな岩が乱立している。人の行き来を拒むかのようなたたずまいで、神秘的で、かつ畏敬の念を覚える。

　この尾根筋において二〇〇三（平成十五）年度から調査を実施した。東西方向に並ぶ石は、幅約二メートル、長さ約一二メートルの石塁（ＳＷ０１）で、五メートル程途切れてさらに西に長さ約一二メートル石塁（ＳＷ０

図57　烏帽子地区　SW-02

２）が延びている。西に三《メートル》程の大岩があり、より西側は人為的な配石か不明瞭になる。ＳＷ０２は自然岩が石塁内に多く取り込まれ、自然岩の間を埋めるように割った石を積んである。ＳＷ０１は明確に自然岩といえる岩は少なく、積んだ石が主体となる。ＳＷ０１は石を安定して積むために、石塁南側を平坦に掘ってから構築している。

　ＳＷ０１の東側には、約一二《メートル》間をあけて、延長部分に長さ約七《メートル》の石塁（ＳＷ０５）が検出された。元位置といえる自然岩はなく、石積みによる石塁であるため、南側は平坦に造成してある。

　石塁の高さとしては、自然岩が不揃いに高く、積み石部分は五〇《センチ》にみたない。機能的に侵入を防ぐものではなく、区画を示すと思われる。石塁南側の根石手前から土師器坏が出土し、他の遺構の配置から考えても、石塁の南側が内側になる。

図58　烏帽子地区　SB−01

（三）建物基壇

標高一八五《メートル》あたりの平坦地からは、方形の建物基壇（ＳＢ０１）が検出された。本来は傾斜地であったが、西側と北側を大きく削り、東南側に盛土して造成している。基壇はおもに地山の削り出しによって形成され、縁には石が並んでいる。

上端でおよそ五・五《メートル》四方、下端でおよそ五・八《メートル》四方の大きさで、高さは二〇～三〇《センチ》である。縁石は安山岩の割石で、礎石・根石は残っていなかった。柱穴もなかった。大きさから想定すると、おそらく三×三間の堂跡と思われる。

基壇の北辺中央の縁から一《メートル》程離れた位置に、地山を掘り込み、火を焚いた跡がある（ＳＸ０１）。一・五×二・五《メートル》の長方形で、焼土の上に炭が多く検出された。炭の樹種鑑定・年代測定を実施したところ、小枝状の材と小さな板状の材はともに「クヌギあるいはアベマキ」で、年代測定

図59　烏帽子地区　SX−01

では九世紀後葉と十世紀後葉～十一世紀前葉の二通りの分析結果が得られた。出土土器による想定年代は九世紀後葉である。遺構は建物にともなうと判断され、護摩焚きを想定している。

基壇の南東隅には小規模な掘り込みがあり、中に石が積んである（SX02）。用途はわかっていない。対称となる基壇北東隅には、石を並べたような箇所がある（SX03）。木根がかぶって、全体はわかっていない。

基壇の南と東側から約三《メートル》離れた位置からは、石垣（SW03）が検出された。東西四・五《メートル》、南北四・五《メートル》、高さ約五〇《センチ》の石垣で、建物東南側の盛土を支えている。

（四）石積み祭壇

建物基壇の西側上位、尾根が北西から南東に緩やかに下がる斜面に、北辺を揃えて東西二基の方

図60　烏帽子地区　SS−01

形石積みが検出された。東側の石積み（ＳＳ０１）は五×六メートルの範囲に石が散っているが、本来は段組みになっていたようで、約三・八メートル四方・四段（東南からは四・五メートル・五段）だったと想定される。西側の石積み（ＳＳ０２）はＳＳ０１から西に約三メートル離れて、約九メートル四方の範囲に石が散っている。本来は五・五〜六メートル四方・五段（東南からは六〜七メートル・六段）と想定される。

斜面を掘って石を積んでいるが、周囲は斜面のままである。よって石積みの高さは計測できていない。段状になってはいるが、石の大きさが不揃いで、段が不明瞭な部分が多い。視覚的な目的よりも、構築する際の安定性を高めるためのものであろう。

ＳＳ０１・０２ともに中心には上面を割った一メートル弱の石が据えてあるが、元位置のままと思われるＳＳ０２でも上面が水平ではない。何かを乗せ

図61　烏帽子地区　SS-02

るためかはわからない。石積み内に火を焚いた痕跡はない。現段階では祭壇と推定しているが、百塚C地点のように塔の可能性もあろう。

ＳＢ０１の南側斜面からも方形石積み（ＳＳ０３）が検出されている。約三・六メートル四方・三段（東南からは四・五メートル・四段）と想定される。ＳＳ０１・０２より小さな石を多用している。中央の石はなかったが、他の特徴からＳＳ０１・０２と同じものと思われる。

さらに南東側に約二〇メートル下った箇所からも方形石積み（ＳＳ０４）が検出されている。石は三×六メートルの範囲に散らばっている。ＳＳ０３も長方形気味の平面形であったが、ＳＳ０４は正方形には想定しえない。他の石積みは外側や段状に大きな石を使っていたが、ＳＳ０４はそうした石が不明瞭で、元の大きさが認識しにくいが、約二×五メートルの長方形石積みを想定している。段積みには見え

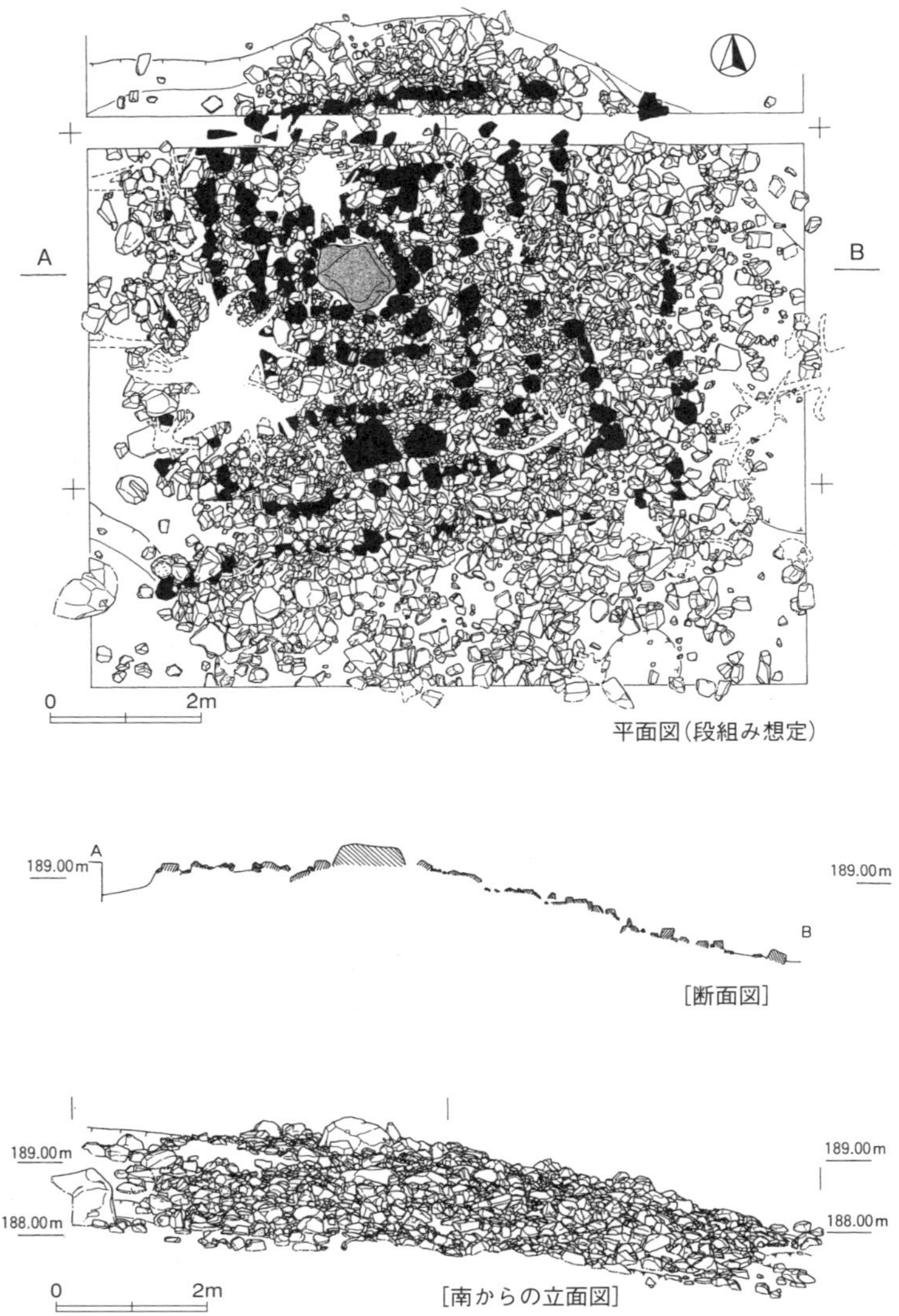

図62　烏帽子地区　SS-02実測図（『池辺寺跡Ⅶ』）

図63　烏帽子地区（尾根）　復元想像図
（『史跡池辺寺跡保存整備基本構想書』）

ない。内側に集められた石は一〇～二〇センチのものがほとんどである。火を焚いた跡はない。中央の石もなく、他の石積みと同じ性格かはわからない。

各石積み内からは土師器坏の小片が少量出土するにすぎないが、ＳＳ０２西側の岩の根元には土師器坏が一括廃棄され、ＳＳ０３の西側・東側からもまとまった量が出土している。おそらく、ＳＫ０１・０２とした廃棄土坑はこれら石積みで使用された土器の廃棄穴であろう。つまり、数十～一〇〇個程度の使用時には石積みの周囲にて廃棄し、千個程のときはやや離れた斜面に穴を掘って廃棄したのであろう。廃棄までが一連の祭祀行為であったと想定される。

（五）建物への通路

ＳＢ０１東正面で、ＳＷ０３の北端は幅約二・五メートルでステップ状にせり出した部分があり、小さめの石が集まっている。おそらく建物への出入口であろう。さらに東側は、幅約三メートルで若干硬化した高まりが東に延び、建物への通路跡と推定されＳＦ０１とした。

二〇〇六（平成十八）年度にさらに東側を調査

図64　赤羽毛山の山頂

したが、通路らしい跡は確認できなかった。

(六) 溝

ＳＳ０４の西側から南東方向に、幅一・一〜二・二《メートル》、深さ三〇〜六〇《センチ》の溝が、自然岩の横を若干蛇行しながら延びている。現在長さ四〇《メートル》、比高差一二《メートル》まで確認し、さらに南東に延びていく。地形の傾斜は強く、溝底は階段状になっている。人為的な段かはわからないが、山道としての利用も考えられる。

溝内からは多量の遺物が出土している。石塁近くの石積みや基壇が主体となる尾根沿いの区域では土師器坏がほとんどであるが、溝内およびその周囲からは土師器甕や須恵器壺・甕といった生活用具がほとんどで、いずれも九世紀代の遺物である。瓦片が出土することも留意される。

図65　金子塔周囲の調査

他にも、掘立柱建物と思われる柱穴群や土坑などの小規模な遺構も多く検出されているが、生活用具の出土域と同様それらは石塁・石積み（ＳＳ０１～０３）などからは離れた南側の斜面に点在する。祭祀域と生活域に分かれていたと考えられ、生活域は僧坊の可能性もあろう。

烏帽子地区では、石塁の西側延長すなわち尾根頂部の岩の並びも遺跡を構成する要素ととらえる必要がある。とくに赤羽毛山とよぶ百塚背後の山頂は、岩が環状に集まっており、人為的ではなくても宗教的な印象を強くもつ。将来は、調査の必要があろう。

5　金子塔地区

百塚地区の北側の山を西平山《にしたいらやま》とよんでいる。近世の地誌には「平山」とある。山頂は赤羽毛山

図66　金子塔地区　石積み遺構

より一五〇メートル程高い。西平山の南斜面が池上町字西平山で、百塚地区や金子塔も字西平山に含まれる。山の北東側は谷尾崎町、北・西側は松尾町である。北は金峰山の南斜面につながっている。この一帯の大半が国有林で、一部ミカン畑に開墾されている。近世の地誌によると、この辺りも百塚とよばれていたようである。

図67　金子塔地区　石塁

金子塔は建武四（一三三七）年に建てられた石製笠塔婆で、池辺寺の由来などが刻まれている。百塚地区の北端を流れる平川《たいらがわ》は、公園の下を通って西平山開墾地の南端を流れている。その平川は国有林地内ではごく小さな谷川で、それに沿って山道ができている。金子塔はその谷川沿いの山道を二〇〇メートル程進んだ右側の、小さな尾根状の平坦地に築かれている。標高は約二一四メートルで、百塚C地点建物群より九〇メートル程高い所にある。

金子塔は、後世の池辺寺の寺伝・『縁起』の元になったと考えられ、近世の地誌類にも多く記されている。廃寺後も塔の存在は知られ、『古社寺堂塔調』には傾いて笠が外れた姿が描かれている。周辺の現況はスギ・ヒノキの植林地であるが、近年は手入れがなされていないため台風によって倒木が重なり、雑木や下草が繁っている。以前の遺跡地図には「西平山A遺跡」として土器散布地となっていたが、最近になって金子塔周辺にて九世紀かと思われる土器片が確認された。遺跡の存在が予想されたため、二〇〇六（平成十八）年度末に簡単な伐採と踏査・測量を行ったところ、谷川の両側斜面に人工的な平場や石積み遺構と思われる箇所が十数カ所も見つかった。

二〇〇七・〇八（平成十九・二十）年度には確認調査を実施し、石塁・石積み遺構・土坑や土器が検出されて、百塚地区と同じ時代の遺跡であることや、数百メートルもの範囲に広がることがわかった。烏帽子地区と同じような祭祀遺跡と考えられる。また、金子塔のある平場からは十一世紀頃の遺物もわずかながら出土している。

6　前原地区

百塚地区の東側で、平川の南岸は字前原とい

図68　前原地区　一字一石経塚

う。妙観山から朝出山に連なる峰からの急斜面と百塚からの緩斜面とが、平川の氾濫原に重なっていく地形で、百塚からの緩斜面に遺物が散在している。平川の南岸に一部字平居屋敷が入っており、その部分は川ではなく里道が境界になっている。その里道の前原側の角に、享保三（一七一八）年の一字一石経塚が立っている。

百塚Ａ地点と前原地区の境は雑木林と荒地になっており、その東隣の畑三段を二〇〇二（平成十四）年度に調査した。遺構は道路跡が二本検出された。古い方の道路（ＳＦ０１）は、西側から上段・中段の畑にて断続的に約五〇メートル検出された。上段では、道路両側に石列・石積みが築かれ、路面は砂利混じりで硬化させている。石列の幅は約三メートルである。中段では、石列はなく溝状の掘り込みと硬化した路面のみである。調査区南端付近で東に曲がっている。構築・廃棄の時期の特

図69　前原地区　SF-01

定がむずかしいが、百塚にいたる参道の可能性があると考えている。ＳＦ０２は０１より新しい時期の道路跡である。方向が異なり石列もないので、池辺寺には関係しない道路と考えている。

ＳＦ０１の北側は、字平居屋敷と字西平山（百塚）の境の里道と途中まで重なっており、これも参道のなごりと想定される。南側は東に曲がって市道と重なっていると思われ、ＳＦ０１は現在の道路と重なっていない部分ということになる。現在の道路の下に参道路面が残存する可能性もあると思われる。

耕作土や遺物包含層からは池辺寺にともなう時期の遺物が出土するが、道路以外の明確な遺構はなかった。おそらくほとんどの遺物は百塚地区からの流れ込みで、この区域にまでは百塚地区の施設は広がっていなかったと推測される。ただし、参道脇に百塚とは別地区としての施設が存在した可能性はある。

7　平居屋敷地区

百塚地区の東側で、字前原の北側、平川の北岸を字平居屋敷という。西平山・東平山の急斜面が平川に向かって下り、平川に近づいて若干傾斜が緩くなったあたりに多くの住宅が建っている。遺物の散在は知られていないが、宅地内に五輪塔がある。僧坊があった区域ではないかといわれているが、よくわかっていない。

二〇〇二（平成十四）年度に平川沿い（南岸）の二段の畑にてトレンチ調査を実施した。表土・遺物包含層ともに平川の氾濫堆積土で、遺構は検出されなかった。遺物は九世紀代のもので、百塚からの流れ込みであろう。百塚の施設群からは外れていると判断される。

8　堂床地区

後期池辺寺跡とよばれる池の上地区から百塚地区にいたる途中、妙観山の尾根が平川沿いに突き出た区域を地元では「堂床《どうとこ》」とよんでいる。字名は柿木平《かきのきびら》である。標高は七五メートル《メートル》前後である。百塚地区のある平川沿いの谷の入口にあたり、味生池あたりからも明瞭に眺めることができる。尾根の緩斜面は果樹園に造成され、畑からは瓦が多く採集される。石垣のなかに塔心礎石が残存し、塔跡地と想定されている。現在の道路は尾根の下を通っているが、旧来の山道は尾根の付け根あたり、心礎石より上位を通っていた。

一九五九（昭和三十四）年、松本雅明により出土瓦と心礎石の紹介と塔跡の想定がなされ、一九六九（昭和四十四）年の報告で乙益重隆もさらに

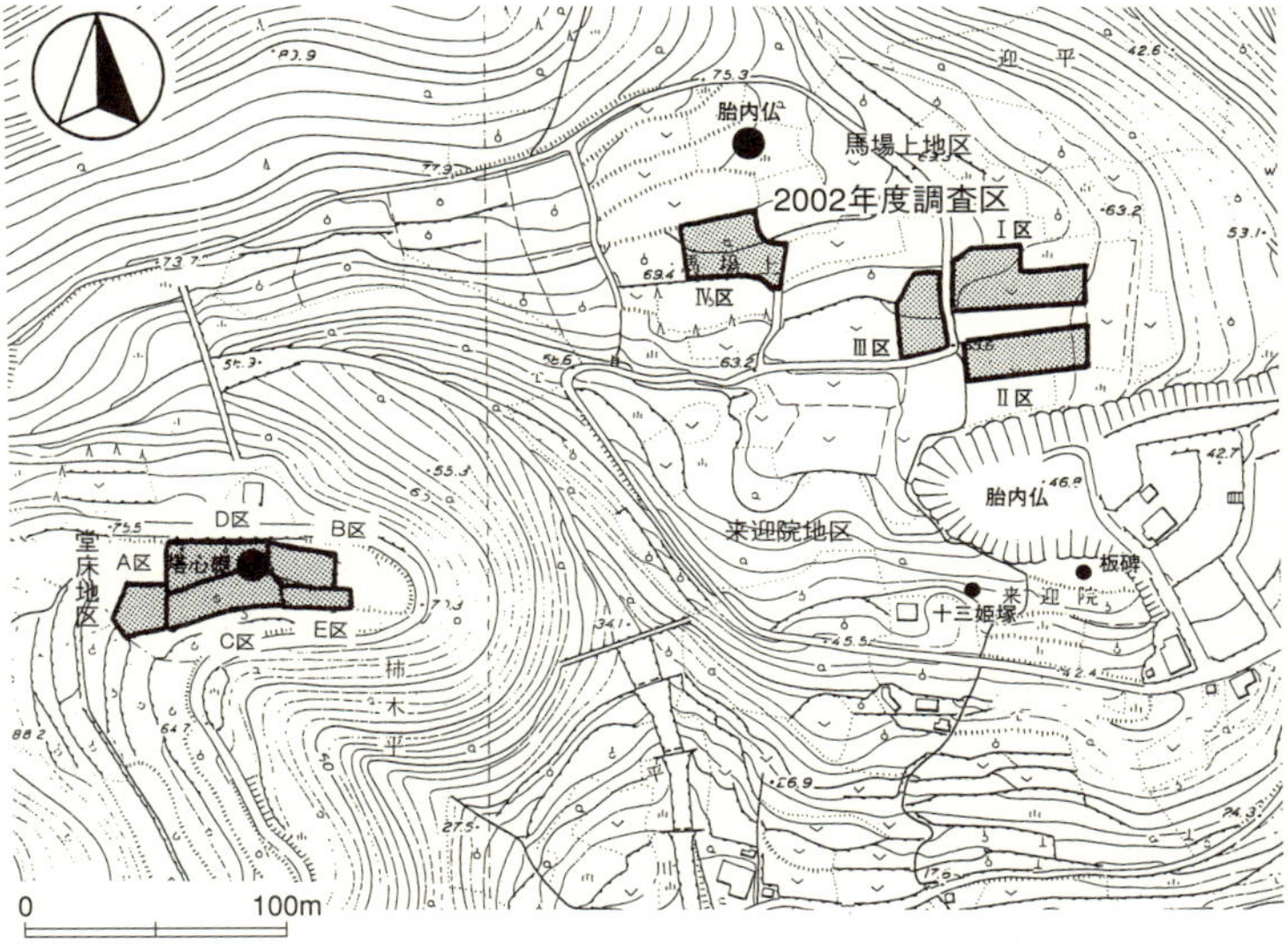

図70　堂床地区・馬場上地区周辺の地形

想定を深めている。一九七五（昭和五十）年頃、現道路の拡張工事の際に発掘調査が行われ（県教委）、瓦が多く出土したらしい。

一九八六（昭和六十一）年度から熊本市教育委員会による調査が始まり、Ａ・Ｂ区（報告書では地点と表記）で調査が行われた。Ａ区では、四メートル程の大岩の脇から土器が多量に出土した。ほとんどが灯明皿に使用した土師器坏類で、九世紀第1四半期のものと思われる。百塚の整地土に含まれる土器（ＳＫ０３）と同じ時期のものである。烏帽子地区ＳＫ０１のような廃棄土坑であろう。他に硬化面・焼土が検出されている。

一九九四（平成六）年度には、心礎石南側の畑（Ｃ区）で調査を行ったが、小規模なピットが検出されただけであった。

一九九九（平成十一）年度には、Ｃ区の北側、Ｂ区の南側の畑で調査を行った。Ｃ区北側の畑は

図71　堂床地区　塔心礎石

数十年前に削られており、以前は畑の東南隅の高まりに心礎石があって、周囲にもいくつかの石があったらしい。塔跡の基壇と礎石が元位置で残っていたのかもしれない。西端にてピットが検出されただけで、他に遺構はなかった。耕作土の下は岩盤のところが多く、畑全体が大きく削られたことが確認できた。B区南側も同様で、遺構はなかった。

堂床地区では、遺跡の残存状態は悪く、遺構は壊滅に近い。しかし、耕作土内には多量の遺物が含まれ、遺跡の内容を示唆している。瓦がとくに多い。瓦は百塚地区と同じもので、同時期に存在していたことがわかる。堂床からは小型の瓦も出土し、塔跡独自のものと想定されている。土器も多く、九世紀前葉~後葉のものでやはり百塚と同じである。耕作土から二彩と思われる小壺片も出土している。

図72　馬場上地区採集胎内仏（谷川忠光氏所蔵）

心礎石は、安山岩製で、三分の一程を欠損している。現在一メートル強の大きさで、厚さは三〇～四〇センチ。中央に直径一六～一八センチ、深さ一〇センチ弱の穴が残る。穴のまわりの痕跡から、柱の直径が三〇センチ強であったことがわかる。三重塔であったと推定されている。

9　馬場上地区

馬場上地区とその南に隣接する来迎院地区は、堂床地区から北東に約二〇〇メートル、東平山から南東に延びた尾根端の丘陵地で、味生池推定地に突き出すように接している。堂床地区や池の上地区がある妙観山から延びる丘陵とは、平川の流れる深谷によって隔てられている。丘陵上は傾斜が緩やかであるが、周囲の斜面は急傾斜が多い。馬場上は小字名で、読みは「ばばのうえ」と思われるが、地元では「ばばどん」とよぶ。百塚地区につきあたる平川の流れる谷は東に開口し、正面に味生池をはさんで花岡山が位置する。馬場上・来迎院地区は堂床地区とともにその中間地点に位置し、池辺寺の主要地点にあたることは地形からも

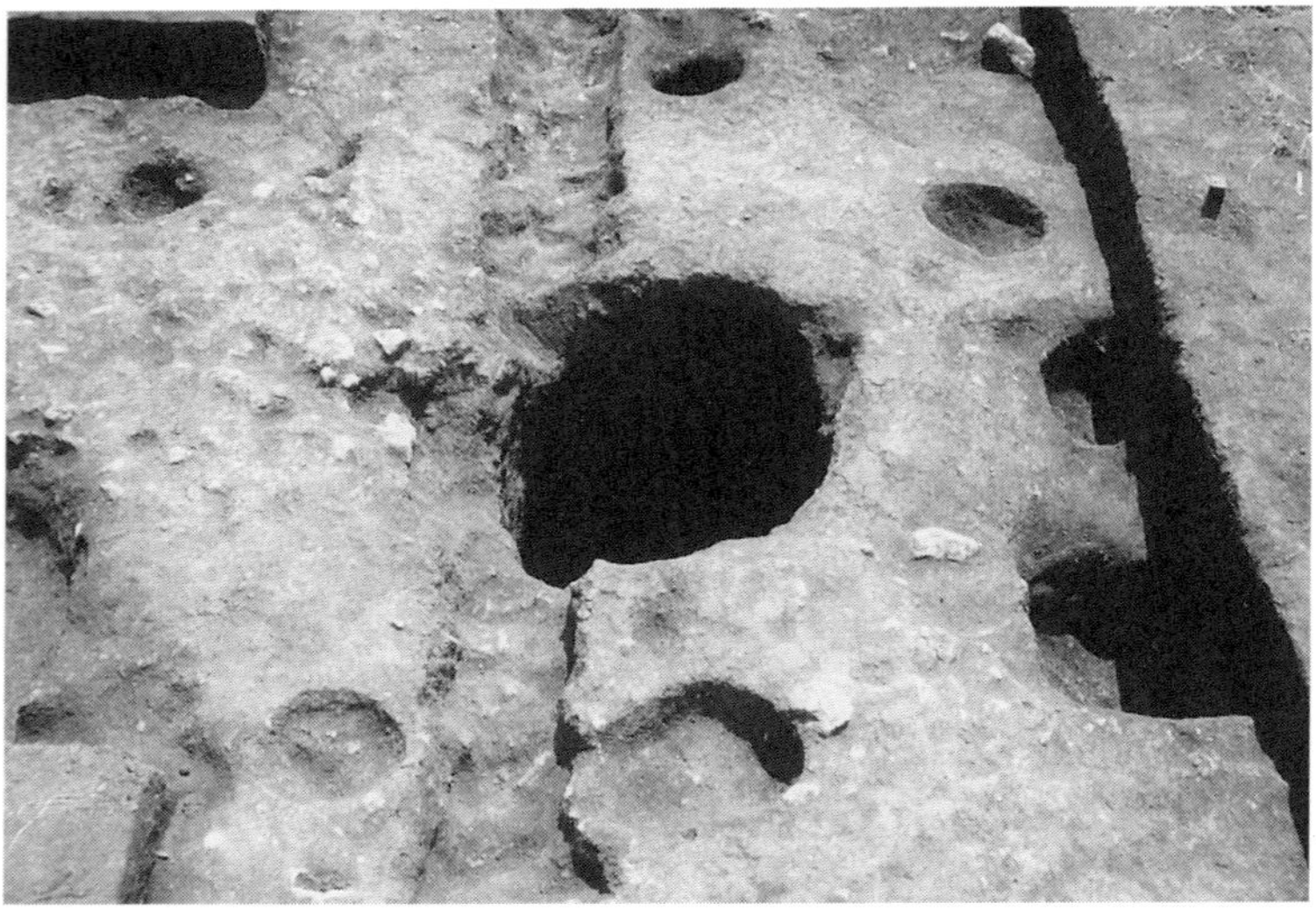

図73　馬場上地区　地下式坑（SX-01）

想定される。

市道北側に雑木林地が残るが、ほとんどが開墾されて畑となっている。雑木林の西半分も以前は畑であった。開墾は昭和の始めから戦後まもなくで、人力による。耕作土には古代・中世・近世の遺物を含み、一九四五（昭和二十）年頃に金銅製胎内仏（聖観音立像）が採集されている。

二〇〇二（平成十四）年度に確認調査を実施した。馬場上丘陵中位（Ⅳ区）と来迎院との境の谷地付近（Ⅰ・Ⅱ・Ⅲ区）の四カ所である。

Ⅰ区では、東側には中世期の遺物包含層が堆積し、遺構は小規模な溝・土坑・柱穴が検出されている。Ⅱ区では、東側に古代と中世の遺物包含層が残り、小規模な溝・土坑・柱穴が検出されている。Ⅲ区では、南西側に中世の包含層（谷埋没土）が残る。他に土坑が検出されている。Ⅳ区は、南側に二枚の包含層が残り、古代・中世とも遺構が密集していた。古代では溝・土坑・道路、中世では溝・地下式坑・柱穴が検出されている。

溝はいずれも小規模で、六世紀後半代の溝（SD08）もある。土坑も小規模で、細かな時期はわからない。地下式坑は二基が検出された。竪穴部から十五世紀代と思われる遺物が多く出土した（SX01）。横穴部が未調査なため性格はわからない。地下式坑は、全国的には埋葬施設あるいは貯蔵施設ではないかといわれており、熊本ではおもに寺院や中世城で見つかっている。

二〇〇五～〇八（平成十七～二十）年度、熊本県教育委員会が高規格道路建設のために確認調査を実施し、広範囲に遺構が検出されている。やはり中世が主体のようである。

10　来迎院地区

来迎院地区は馬場上地区の南に隣接し、馬場上地区のある丘陵の南端部と味生池に向かって下る南面の急崖である。東・南側崖下は宅地であるが、斜面と丘陵上はすべて畑地であった。現在は休耕により荒地となった所も多い。昭和四〇年代より東側から土取りが断続的に行われ、丘陵をえぐっている。来迎院地区でも耕作土に遺物を含み、古代・中世・近世の土師器・陶磁器などが採集される。明治時代に金銅製胎内仏（聖観音立像）が採集されている。地元でも遺跡の存在が知られ、「素焼きの皿がいっぱい出た」という話もある。現在、東側丘陵端に永禄三（一五六〇）年の板碑、西側丘陵には中世と思われる石仏（如来坐像）が残っている。南側斜面の中位には「十三

図74　来迎院地区　十三姫塚（金子塚）

姫塚（金子塚）」とよばれる天保二（一八三一）年の石碑があり、五輪塔が集められている。五輪塔は南側斜面一帯に多くみられ、石垣に転用されているものも多い。

馬場上地区と同様、二〇〇五～〇八（平成十七～二十）年度に熊本県教育委員会が高規格道路建設のために確認調査を実施した。中世を主体とした石列・土坑などが確認されている。また、中世のものと思われる小さな観音立像（胎内仏か不明）や古代・中世の土器・陶磁器・瓦が出土している。

来迎院地区の下に位置する平川右岸の字煤窪においても、二〇〇七年度に県教育委員会によって発掘調査が行われた。石列・流路などの他、多くの遺物が出土している。周囲には五輪塔も多く、来迎院から一連の遺跡のようである。

来迎院という地名は、いかにも浄土的な名称である。古阿弥陀寺ともよばれる春日町（万日山南麓）の来迎院は、浄土宗阿弥陀寺の別院であるが、『肥後国誌』には「……当寺往古ハ池ノ上ニアリ寺院五十坊其内池辺寺ノミ今ニ残レリ其後古阿弥陀寺ノ山ニ移リ……説モアリ」と記されている。一方、『池辺寺縁起絵巻』の巻末には「往古は当山百二十坊のうち来迎院に二二坊があった」と記され、池辺寺の坊であったという。

多くの石造物、出土遺構・遺物、胎内仏などから、中世には当地に院・坊があったことは間違いないが、現時点では池辺寺とのかかわりが明確になっていない。しかし、『縁起』の記述、金子塚の名称などからは、江戸時代に当地を池辺寺の一部として認識していたといえる。また、池の上地区のように石仏は顔が破壊されているので、それが廃仏毀釈によるならば、やはり池辺寺との関連が強いといえよう。当地からは、味生池・百塚・堂床・妙観山・独鈷山・烏帽子・池の上地区など池辺寺にかかわる各地区が展望できることも重要である。

11　東平山地区

東平山は平集落の北側の山で、集落への南斜面一帯と馬場上地区西側の尾根が字東平山となっている。南斜面は傾斜が強く、歩くことも困難である。南東に延びる尾根は比較的傾斜が緩く、何カ所か平坦な区域がある。この尾根が平野に突き出た部分が馬場上地区である。北側・北東側斜面は急傾斜で、谷尾崎町に含まれる。

東平山地区では、山頂・尾根部分にて二〇〇一（平成十三）年度に簡単な踏査を実施したのみで、確認調査の事例はない。尾根上の平坦地に小礫を集めた箇所があったが、いつの時代のものかわか

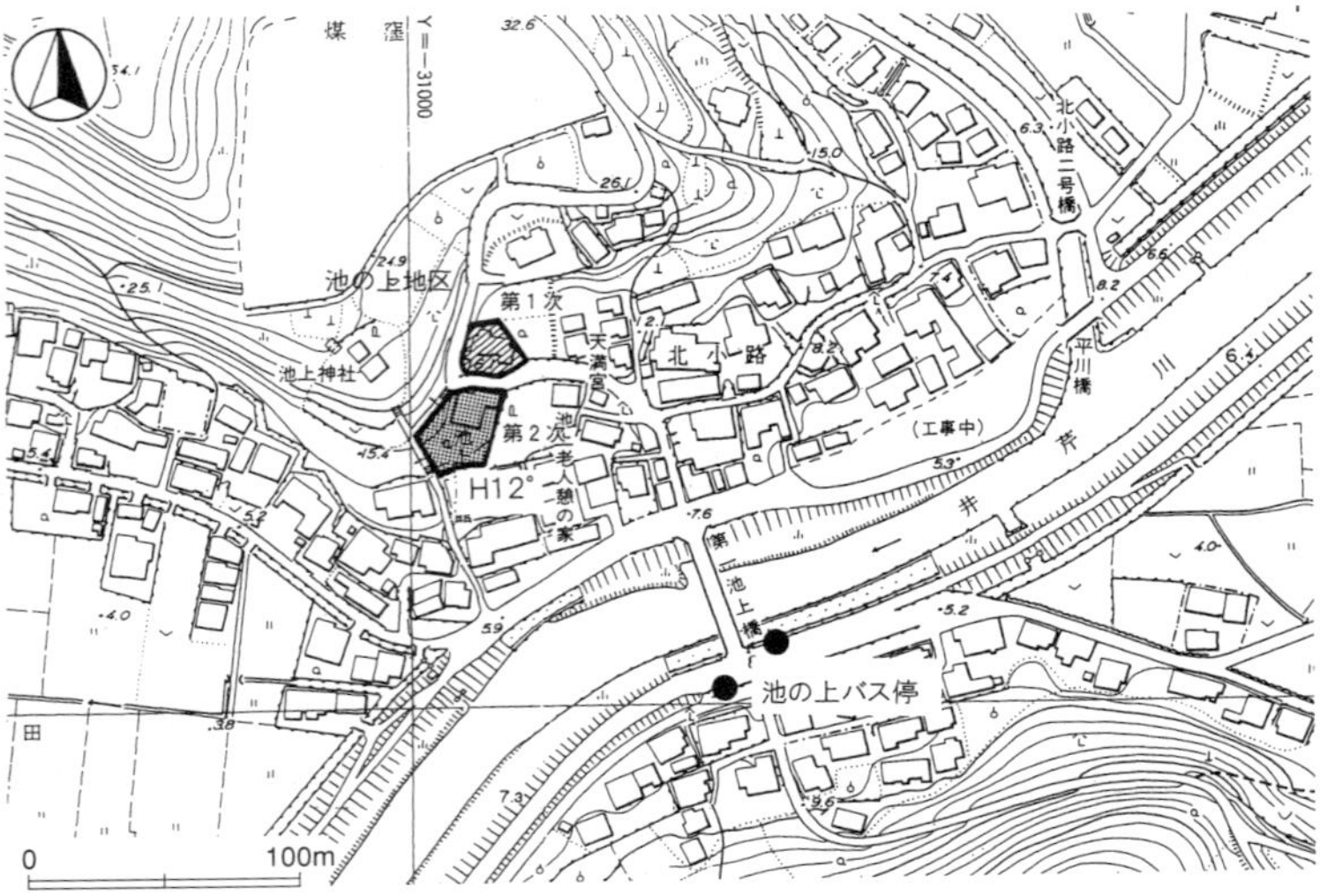

図75　池の上地区の地形

らない。金子塔地区あるいは独鈷山のような古代の祭祀遺構の可能性もあり、将来の調査対象地とすべきである。

12　池の上地区

妙観山の裾が南東に延びた先端部分に位置する。井芹川をはさんで独鈷山と対峙している。現井芹川は一九三一～三五（昭和六～十）年に開削されたが、古地図を見ると開削以前にも小さな川が流れていたことがわかる。

池上町字北小路に所在するが、古くより「池の上」とよんでいる。明治初めの廃仏毀釈までは、池辺寺はこの地にあった。池辺寺の寺号を「独鈷山功徳池辺寺龍池院」というが、地誌によると近世中頃までは現在の妙観山を独鈷山とよんでいた可能性がある。

図76　池の上地区　第１次調査区石垣・石段

斜面に四段の平坦地が設けられ、上から二段目に池上日吉神社が鎮座している。池上日吉神社は、一八七一（明治四）年（池辺寺の廃寺直後）に独鈷山にあった日吉神社を移設したものである。神社参道を下ると石崎八幡社の鳥居がある。石崎八幡社は正保四（一六四七）年に現池上日吉神社の東側に勧進されたが、一九三七（昭和十二）年頃に池上日吉神社に合祀された。明治より後は、最上段は墓地、上段は神社、下段には村役場、中段には一九〇七（明治四十）年に日露戦争紀念堂（現公民館）が建てられた。神社境内には多くの石造物が残り、遅くとも応永三（一三九六）年には池辺寺が当地にあり、地形的にみると最上段と上段の地が主要部分に当ると考えられる。

池の上地区では二回の発掘調査が実施されている。第一次調査（池の上遺跡）は、一九九五（平

図77　池の上地区　2000年度調査

成七）年度に個人専用住宅建設にともない発掘調査が行われた。東面の石垣・石段が検出されている。明治時代のものかと思われるが、近世にさかのぼる可能性も否定できない。第二次調査は、二〇〇〇（平成十二）年度、中段にある紀念堂を現公民館に建て替える際に実施した。第一次調査の石垣・石段に対応する石垣、近世・中世・古代の土坑や柱穴、古墳時代の住居・柱穴が検出されている。柱穴は多かったが、建物の想定復元はできていない。『文政九（一八二六）年飽田郡池田手永寺社本末御改ニ付寺院間数改帳』には堂舎配置図があるが、それとの比較も困難であった。

中世の遺構・遺物はほとんどが前半期のもので、多量の陶磁器が出土した。近隣の高橋町遺跡群（上高橋高田遺跡）の事例から、池辺寺ではなく港関連の遺物かもしれない。十四世紀以降の遺構は不明瞭で、中世後半・近世における池辺寺の

図78　2000年度調査出土　8世紀後葉頃の土器

表2　池の上地区指定文化財一覧

石造物

宝篋印塔台座	市指定	応永3年(1396)	図91
一字一石碑	市指定	嘉吉2年(1442)	
自然石板碑	市指定	戦国期以前と想定。石崎八幡の御神体。	
石灯篭竿石	市指定付	寛永16年(1639)	
池辺寺再興碑	市指定付	天明3年(1783)	図95

仏　像

浮木観音	市指定	池辺寺本尊	図3
不動明王	市指定	護摩堂の本尊	図9
金子観音	市指定	金子拾得と伝えられる	図8
愛宕地蔵	市指定付		
勝軍地蔵	市指定付		
僧形神像・女神像	市指定付		

宝物類

五鈷鈴	県指定	平安時代後期作	図6
独鈷杵	県指定	鎌倉時代作	図6
龍の鱗	市指定		図7
経磬	市指定	寛政元年(1789)	
千手観音画像	市指定		
松尾焼4点	市指定	花瓶2点、香炉2点。天明3年(1783)	
池辺寺縁起絵巻	市指定	文化元年(1804)	図2
古文書7通	市指定	16世紀代	図92

池辺寺跡財宝管理委員会所蔵

堂宇は、中段に主要なものはなかったようである。

古代においては、七世紀後半から十・十一世紀まで遺物が出土しているが、とくに八世紀後葉～九世紀前葉の遺物が多い。円面硯や少量の瓦も出土しているが、これらが池辺寺に直接関連するものとする根拠はなく、煮沸・貯蔵具などの生活用具が多いことを考えると集落遺跡かもしれない。しかし、百塚地区にいたる山道の入口にあたることは疑いなく、なんらかの関連はありえる。各時代とも、今後各段（とくに上段）の調査を実施し、その成果とあわせて検討しなければならない。

神社境内や周辺には、宝篋印塔・五輪塔・板碑・石仏・墓碑など多くの石造物が点在している。それらのほとんどは破壊され、廃仏毀釈による行為と思われる。石造物のうち五点は市指定有形文化財である。また、仏像・宝物類にも県指定・市指定文化財があり、公民館や熊本県立美術館に保管されている。仏像・宝物は、毎年九月十日の観音祭りで公開されている。

13　独鈷山地区

妙観山の南側、現在の井芹川と坪井川にはさまれた所に独鈷山とよばれる円錐形の山（標高一一八・八メートル）がそびえている。周辺の山々は複数の峰が連なっているが、独鈷山は平地に独立した山である。

独鈷山には池辺寺に関連するものが多く（現存しないものも）、龍が天に昇ったとされる「登天石（兜率石）」、独鈷を洗う「妙楫水池」、八王子宮、山王社、妙見堂大榎、独鈷が掛かった松、醫王寺、金光寺、石薬師像、板碑があった。山の北

図79　独鈷山　1998年度調査祭祀遺構（1）

半分は池上町、南半分は城山上代町に分かれる。地名では、二王堂・神傳・山王平・高野辺田が興味深い。

一九九八（平成十）年度、独鈷山頂上から南斜面において大規模な公園開発が断行され、事前に若干の調査が行われた。独鈷山の斜面には数《メートル》大の岩が点在しており、そのいくつかを調査したところ、「大岩の上から脇において、小礫を積み上げ、火を焚く」「大岩の根元に浅い土坑を掘り、埋納・土器供献や焚火を行う」という二種類の祭祀遺構が検出された。遺物は、おもに八世紀後半～十世紀頃のものが出土している。時期的にも池辺寺に関連する可能性が高い。また、山頂からは、平安時代末期と思われる経塚が発見されたこともある。

ここ数年、公園開発・霊園開発によって独鈷山の姿は大きく変貌している。ほとんど未調査なの

図80　独鈷山　1998年度調査祭祀遺構（2）

で十分な記録は残せていないが、現状保存されている部分もあるらしい。ふもとは宅地で、それ以外の傾斜地はミカン畑・牛舎・雑木林・竹林になっている。祭祀遺跡が残存する区域もありそうである。牛舎があるあたりの東斜面は味生池を見下ろす丘陵地で、土器片も多くみられる。まずは山全体の詳細な踏査を行い、全容解明のための調査に着手する必要がある。

14　味生池地区

味生池は『続日本紀』に肥後国司道君首名が和銅年間に築いた灌漑用の池と記されている。地誌などによると、馬場上・来迎院地区の丘陵と万日山・妙観山（独鈷山）に囲まれた低地一帯にあったとされ、「阿治宇池」と書いたらしい。『国郡一統志』によると、寺伝『観音講式』には「功徳

図81　味生池推定地　1990年７月の大雨で冠水

池」と記している。本妙寺の浄池公廟碑（一八一七）や『池辺寺縁起絵巻』などに、加藤清正の代に埋め立てて水田となったことが記されている。

味生池の推定地については定まっているが、生成要因には諸説がある。角田政治は、周囲の山が火山岩であることから一帯を噴火口の跡と考え、火口湖となっていたのを道君首名が灌漑に利用したと想定した。

安達寿男は、池上一帯の低地は大昔海が入り込んでいたが、川から流れ込んだ土砂が入り江の出口をふさいで沼となり、首名は沼の周辺を耕地とするために灌漑用の池に整えたと推定した。

鈴木喬も、味生池はもともと自然に生成された深くて広い湖で、首名は防災工事として独鈷山東側に大土堰堤を築き、灌漑用の溜池としての機能はほとんどなかったとして、その後流れ込む土砂で沼沢化し、加藤清正の頃には新田開発の適地となっていたと想定している。

村井眞輝は、独鈷山西側井芹川河川改修地での発掘調査成果から、味生池推定地は縄文時代後期までは海水が入り込んでいたが、弥生時代には湖水化して浅くなっていき、首名は貯水池として利用したと想定している。

味生池を囲む山々は、地質的には金峰山系外輪山と等しく、立田山断層によって金峰山系側が沈んで切り離されたと考えられている。この断層上の沖積地に味生池が位置する。よって火口湖ではなく、当然海進期には海水が湾入していた区域で、海退が始まると河川からの土砂の流入も加速されていったと考えられる。首名の行った工事の内容・規模に関しては、その痕跡が残るようなものだったかどうかもわからない。また、味生池推定地としての遺跡（周知の埋蔵文化財包蔵地）とは扱っていないため、調査事例は少ない。

一九八六（昭和六十一）年度、味生池推定地の南端あたりにおいて市営団地建設が計画され、確認調査が実施された。「清水原遺跡」という遺物散布地であったが、味生池の確認が期待された。この調査が池辺寺跡発掘調査としての当事業の発端であった。結果は低地の堆積土で、遺構・遺物は検出されていない。その後、水路工事・道路工事の際に土層を確認したが、遺構・遺物が見つかったことはなかった。昭和初期の井芹川開削工事にて、多量の木材（松らしい）・炭化材が出たらしく、埋め立ての証拠ではといわれている。また二〇〇五（平成十七）年度の県教育委員会による確認調査では、北西岸にて多くの木材が出土した。

Ⅵ　豊富な出土遺物

1　土器の種類

池辺寺跡からは、これまでの調査で大量の土器が出土している。出土土器のほとんどは土師器坏で、灯明皿として使用されたものといえる。低温で素焼きの土器を土師器《はじき》、窯で高温に焼いて灰色がかった硬い土器を須恵器《すえき》という。各遺構の一括資料では、土師器坏に少量の土師器埦・盤、須恵器坏などがともなっている場合がほとんどである。それらは供膳具あるいは食膳具とよばれる種類の土器であるが、池辺寺の土師器坏には、通常の集落遺跡で出土する類のものと池辺寺特有の祭祀用小型坏がある。

他の器種は、貯蔵具・煮沸具といった生活用器である。これらは出土する区域・遺構が限られ、祭祀（仏事）の場と生活の場が分かれていたことを示している。

2　土器の年代

肥後の九世紀代の土器は、須恵器食膳具が急減していき土師器が主体となる。良好な一括資料の場合、土師器坏・埦の形・大きさの変化を基準として細かな時期を想定することが可能である。

一括資料とは生産・使用・廃棄時のいずれかの段階で同時性が高い土器の一群を指すが、池辺寺跡においては廃棄段階での一括資料ばかりである。一方、土器の形・大きさで認識する年代観は生産時を示すものである。よって、とくにかぎられた器種や形態のものでないかぎり、生産から廃棄への時間幅が生じ、どの資料でも多少の時期幅を含む可能性を有している。以下に、各時期のおもな一括資料を説明する。

(一) 九世紀前葉

堂床地区A区 巨石脇一括資料

一九八六（昭和六十一）年度に堂床地区A区から出土した。報告書『池辺寺跡Ⅰ』にて「巨石脇一括資料」と注記したものは掲載した土器でも一部であるが、他の土器も巨石から大きく離れたものではなく、掲載したすべては一括性が高いと考えている。土師器坏A・B類は他の遺跡からの出土例が多く、比較が容易である。A類は形・大きさから九世紀第1四半期頃と想定している。B類は回転ヘラミガキ技法の坏で、この時期で矛盾しない。C類は、他遺跡でみれば十世紀のものに形が近いが、それらよりも口径・底径・器高ともに小さく、A・B類との共伴を重視すべきであろう。D類は他遺跡での類例はなく、すべて一カ所から出土しているので、祭祀用のオリジナルであろう。他の器種も九世紀第1四半期で合致する。

百塚地区A地点 SK03

整地層と思われる土層の下から検出された浅い土坑で、焼土・炭とともに完形の土師器坏が一点出土した。大きさ・技法から堂床地区土師器坏B類と同じのもの

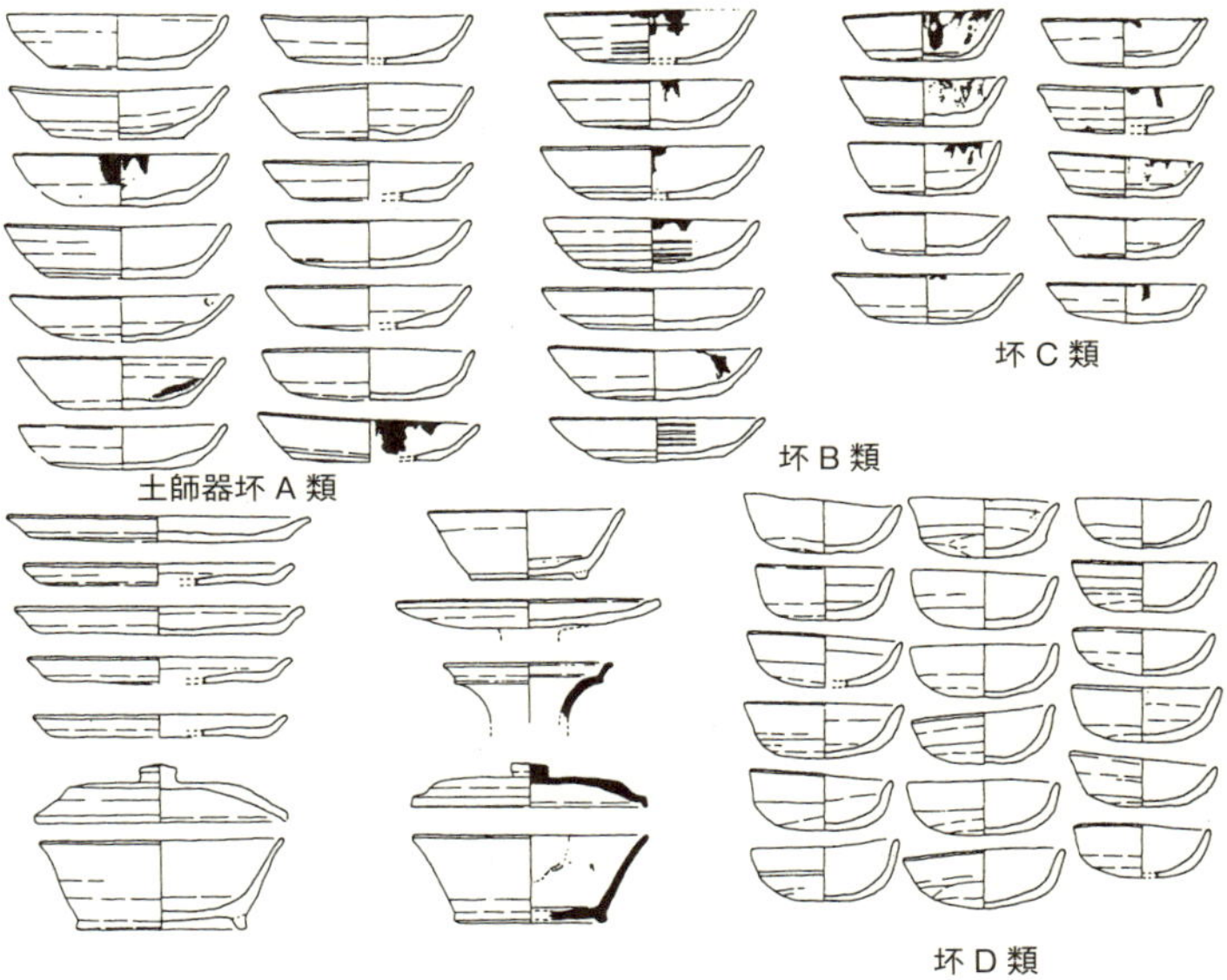

図82　堂床地区（巨石脇）出土土器（1/8）

といえ、百塚地区造営着手時期を示すと考えている。この時期の土器は、百塚A地点SX04abなどからも出土している。

（二）九世紀前葉～中葉

百塚地区A地点SD01下位祭祀遺構　溝底のくぼみに土師器坏六〇点が埋納されていた。出土状態から一括性は高い。一般的な土師器坏は一点のみで、大きさは堂床地区土師器坏A類と烏帽子地区SK02土師器坏1類の中間的なものである。墨書もある小型坏五〇点は、特異な類であるが同様の評価がなされる。丸底の小型坏九点は、堂床地区土師器坏D類と烏帽子地区SK02土師器坏2類の中間的なものといえる。

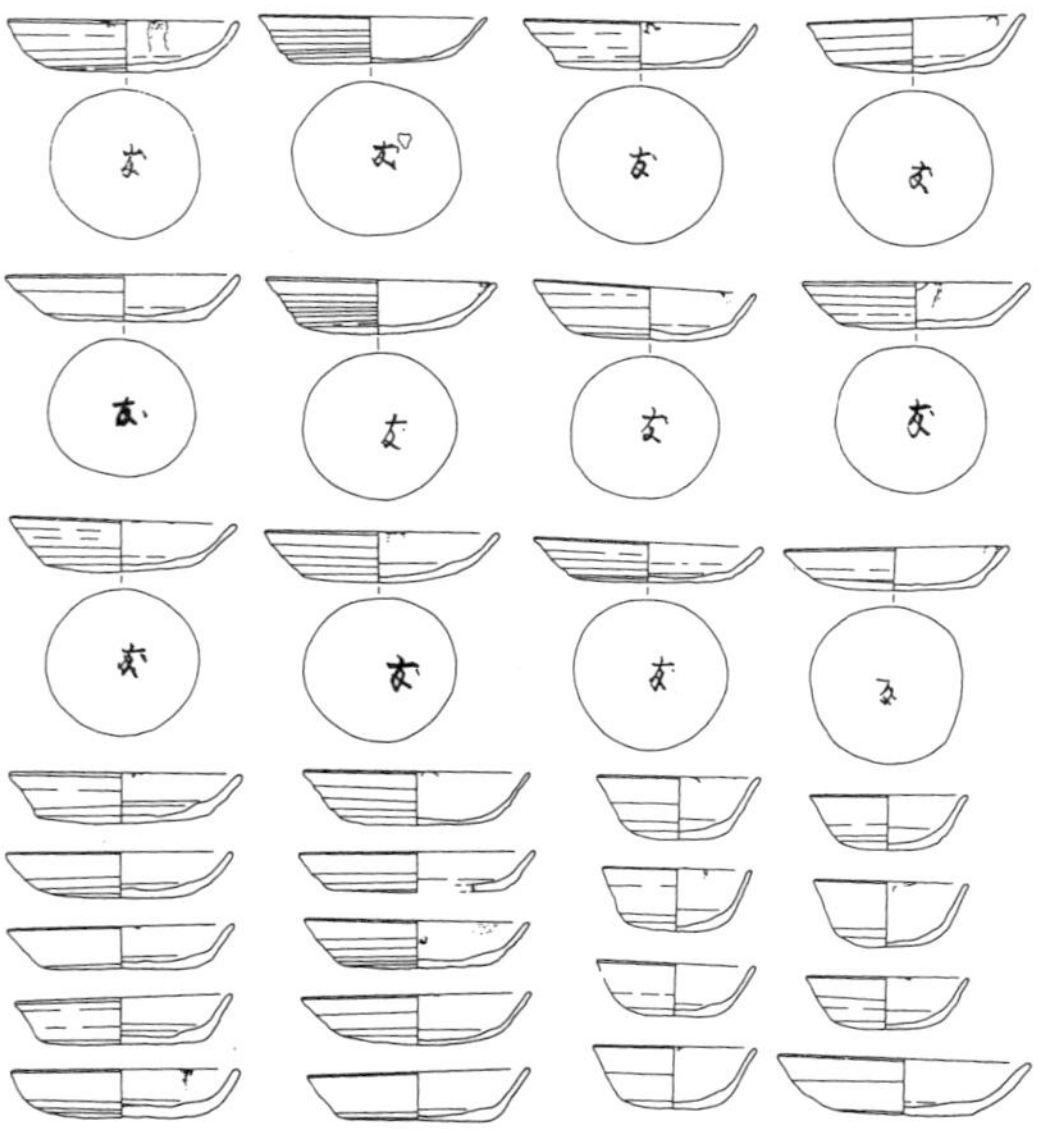

図83　百塚地区Ａ地点SD−01下位祭祀遺構出土土器（1/8）

（三）九世紀中葉

烏帽子地区ＳＫ０２　多量の土器（土師器坏主体）を廃棄した土坑で、良好な一括資料である。坏1類は、百塚地区土師器坏Ⅰ類・堂床地区坏Ａ類と同系統のもので、両者の中間的な大きさである。坏2類は小型で、坏3類は大型の坏である。坏2・3類はごく少数で、祭祀用の坏として共伴している。坏1類や他の器種から九世紀中葉のものと想定される。坏1類の底径がＳＫ０１土師器坏1類のものと差が認められ、須恵器坏においてより顕著である。坏2類の構成比の違いや、前後の類例との比較から、ＳＫ０２は０１よりも古い一群と判断される。

百塚地区Ａ地点ＳＸ０２　鍛冶遺構の床から出土した土器群で、量は少なく、一括性にやや疑問もある。土師器坏はＡ地点ＳＸ０１とかわらないが、須恵器坏は烏帽子地区ＳＫ０２のものに一致する。

烏帽子地区ＳＫ０１　内容はＳＫ０２と同様である。０１は０２より新しいと判断され、第3四半期の方に位置づけた。

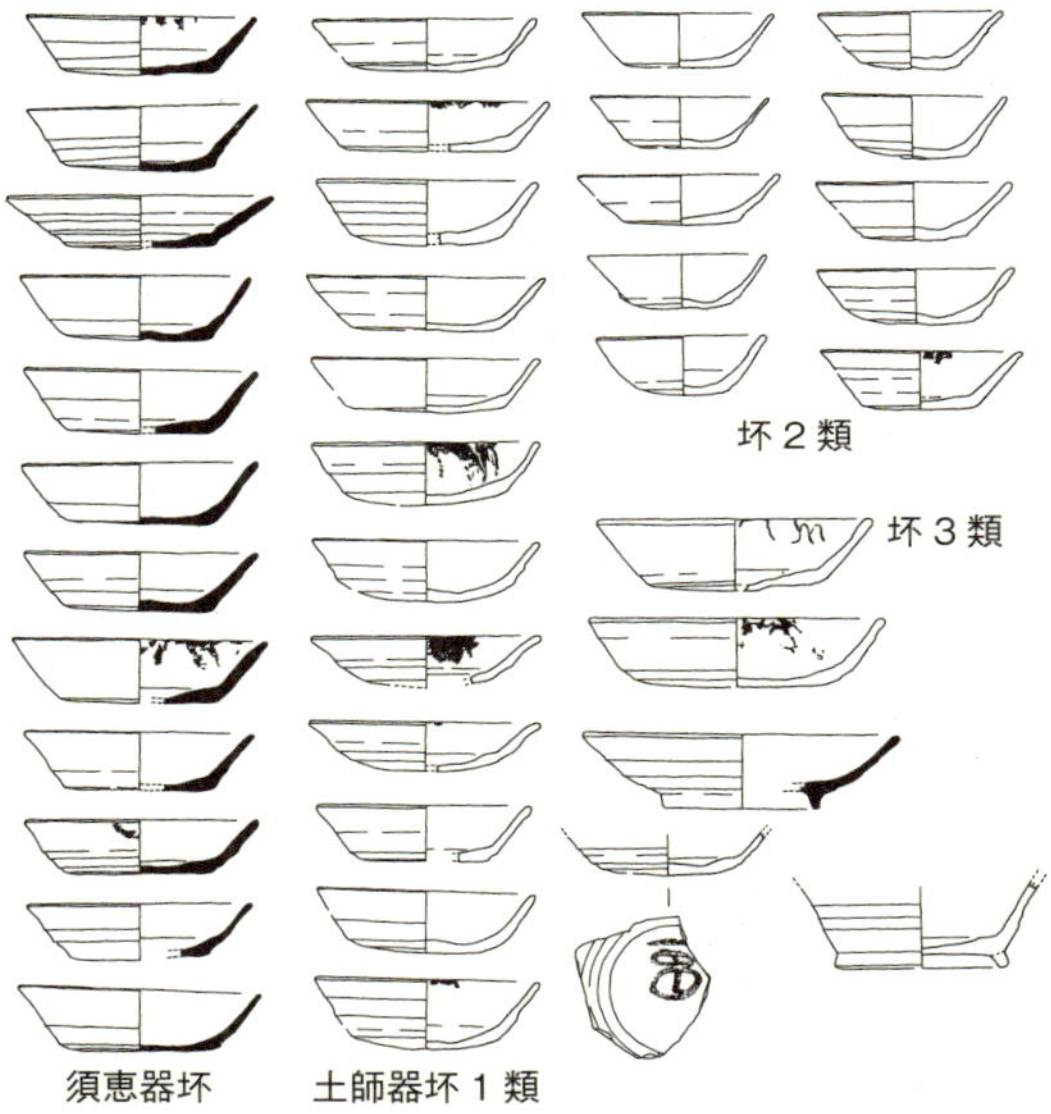

図84 烏帽子地区 SK-02出土土器（1/8）

百塚地区A地点SX01　園池であるＳＸ０１北区下位に、土器・瓦・鉄滓類が廃棄されていた。坏はＣ地点でⅠ類としたもののみで、大きさは烏帽子地区ＳＫ０１の坏１類に近い。Ｃ地点建物周囲溝・百塔域のものよりもやや古いようで、九世紀第３四半期ではあろう。

百塚地区A地点SX03　浅いくぼみに土師器坏が廃棄されていた。土師器坏はＡ地点ＳＸ０１とほぼ等しい。坏Ⅱ類も出土している。九世紀第３四半期と想定される。

（四）九世紀後葉

百塚地区C地点基壇部＝建物周囲溝　礎石建物の雨落ち溝であるＳＤ０１〜０７からの出土土器で、とくにＳＤ０１と０３に集中している。建物廃棄の時期を示すものと評価して一括性を認めているが、出土位置が離れているものも含まれている。出土土器のほとんどが土師器坏である。他遺跡資料との比較から、土師器坏Ⅰ類は九世紀第３四半期、Ⅲ類は第４四半期と想定している。Ⅱ類は他遺跡に類例がない。Ⅳ類とした二点はⅠ類の欠損品の可能性が高い。

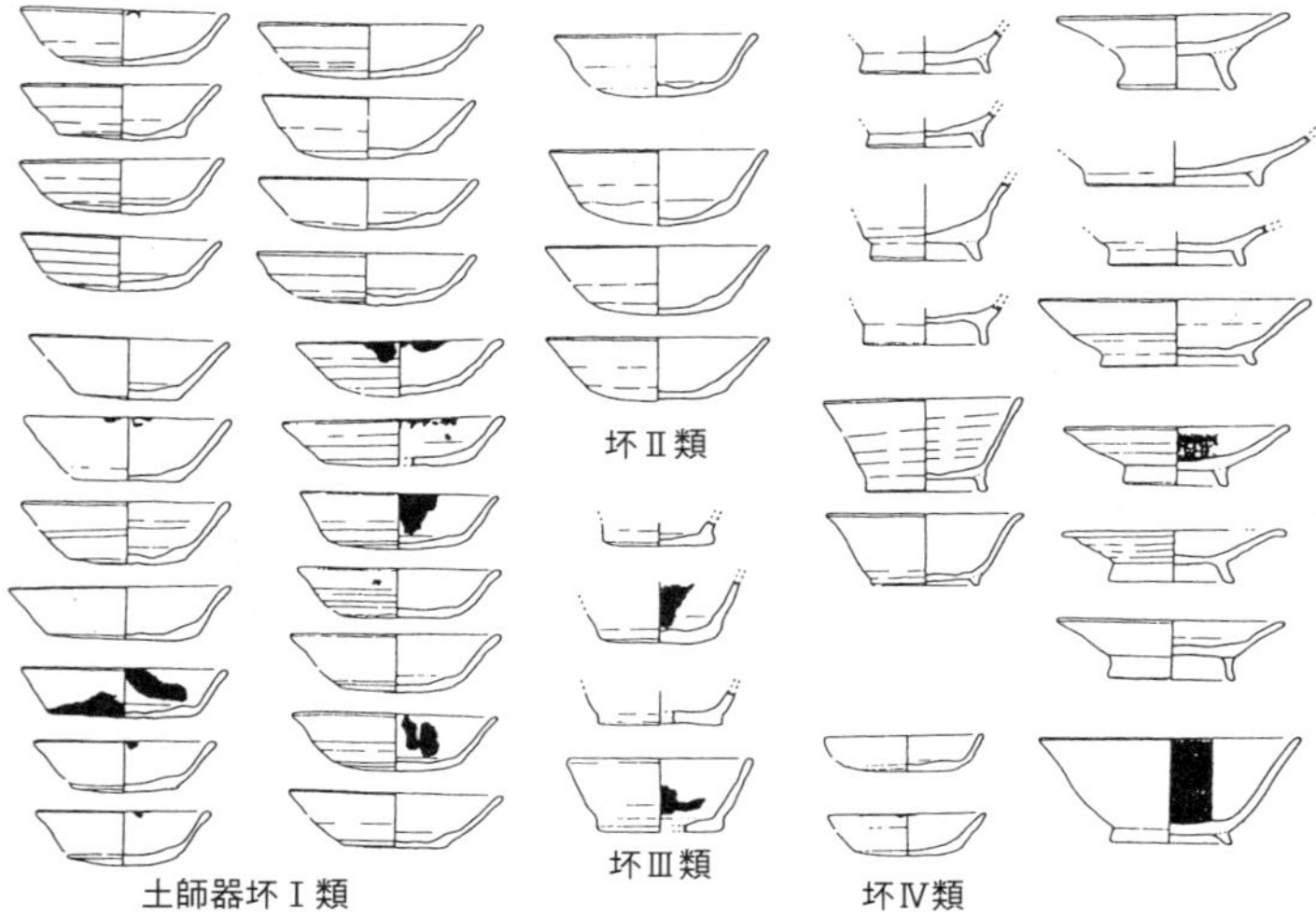

図85　百塚地区C地点（建物・百塔）出土土器（1/8）

百塚地区C地点斜面部＝百塔域　おもに石塁（SW）・石塔（SS）の根石手前から出土したもので、出土状態からは一括性が高いとはいえない。土師器坏Ⅰ・Ⅱ類ともに建物周囲溝から出土したものと違いはない。Ⅲ・Ⅳ類は出土していない。九世紀第3四半期を主体としたものと思われ、廃棄の時期に近いものといえよう。

3　その他の土器

百塚地区・堂床地区・烏帽子地区尾根などこれまでの調査区のほとんどでは、土師器坏が主体として出土した。祭祀（仏事）の場および廃棄の場であったことを示しているが、甕・壺・鉢などもわずかに混在しており、付近にそれらを使う場があったことがわかる。実際に、主体として他の器種が出土している場所もある。

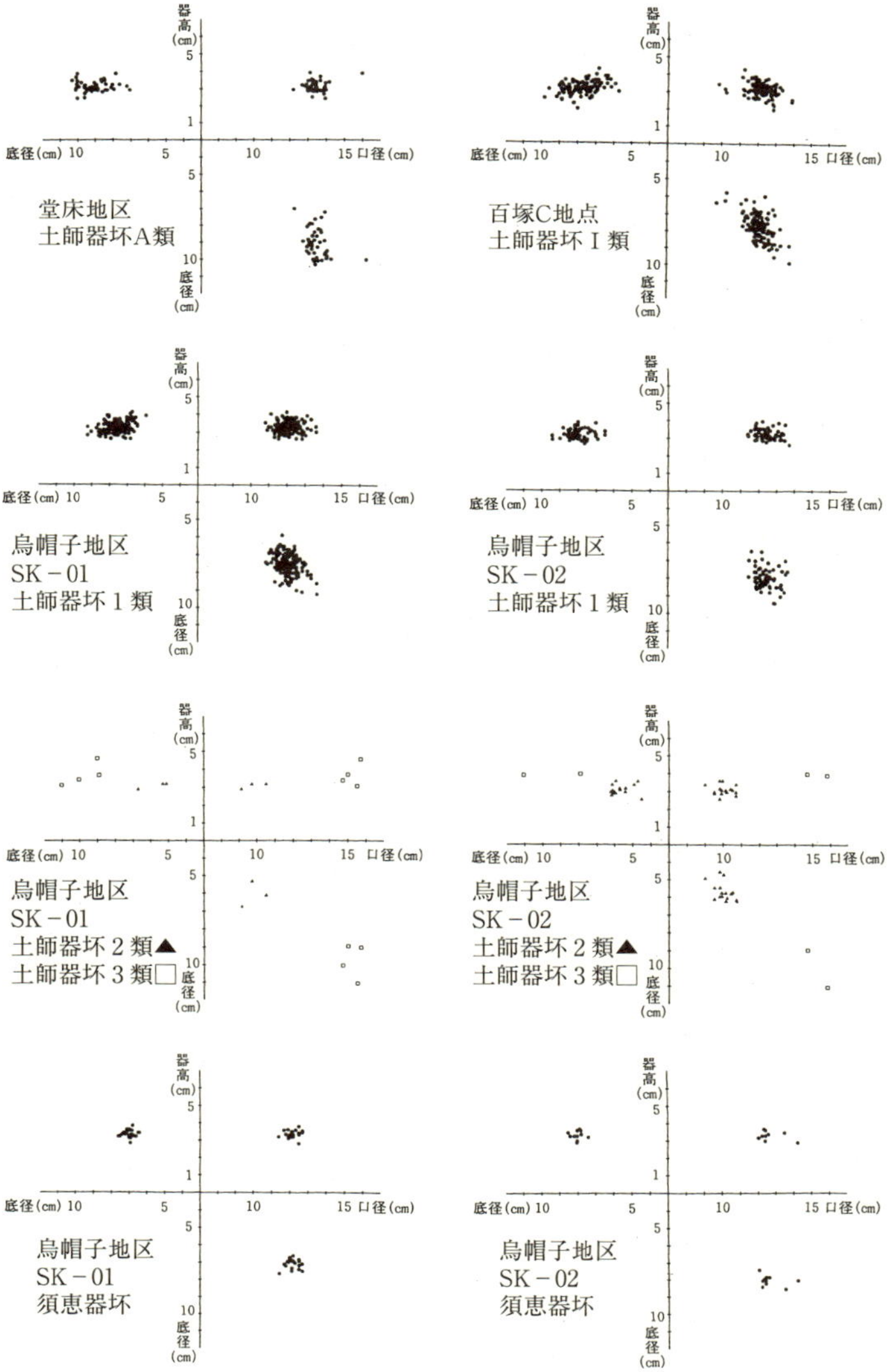

図86 土器一括資料 法量分布図（１）

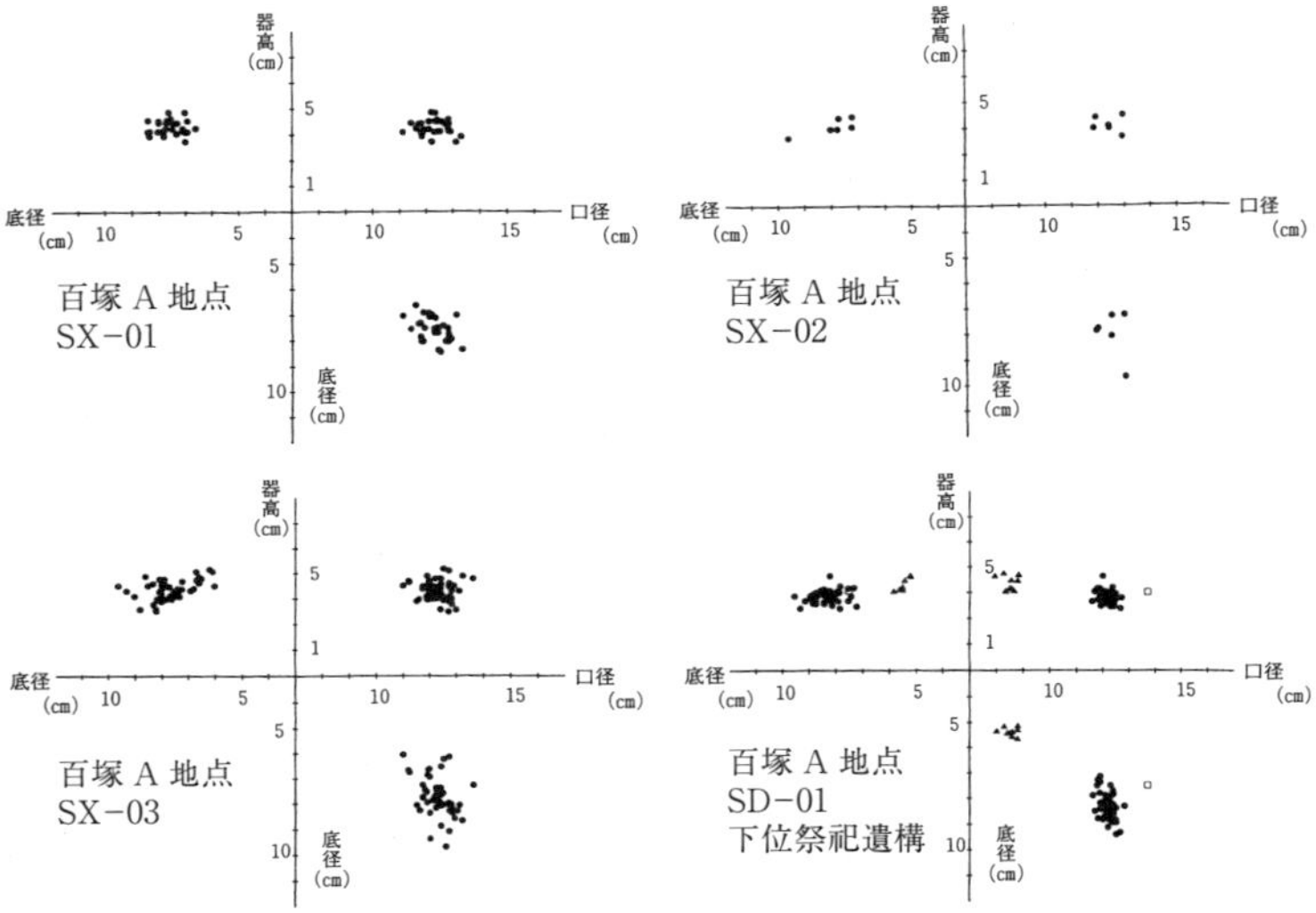

図87　土器一括資料　法量分布図（２）

百塚地区Ｃ地点（二〇〇一年度調査）では、ＳＢ０２の南側出入口手前の土坑（ＳＫ０２）から土師器甕（煮炊き用）が出土している。すぐ横の岩の根元に火を焚いた痕がある。ＳＳ１０６背後からは須恵器甕が出土している。ＳＳ１０６の性格を考える上で須恵器甕は重要である。

堂床地区Ａ区の巨石脇一括資料には、土師器甕・鉢が一点ずつ含まれていた。坏を主体にした祭事でも甕・鉢が使われたと考えられる。

一方、甕・鍋・壺などが多く出土し、生活の場と思われる区域もある。烏帽子地区南側斜面のＳＤ０２（ⅡＤ層）からは多量の生活容器（土師器甕、須恵器壺・甕）が出土している。それらは八世紀後半～九世紀中頃のものと思われ、池辺寺に関連するといえよう。小規模な掘立柱建物や多くの土坑があり、僧坊域かもしれない。

池の上地区では、七世紀後半から現代までほと

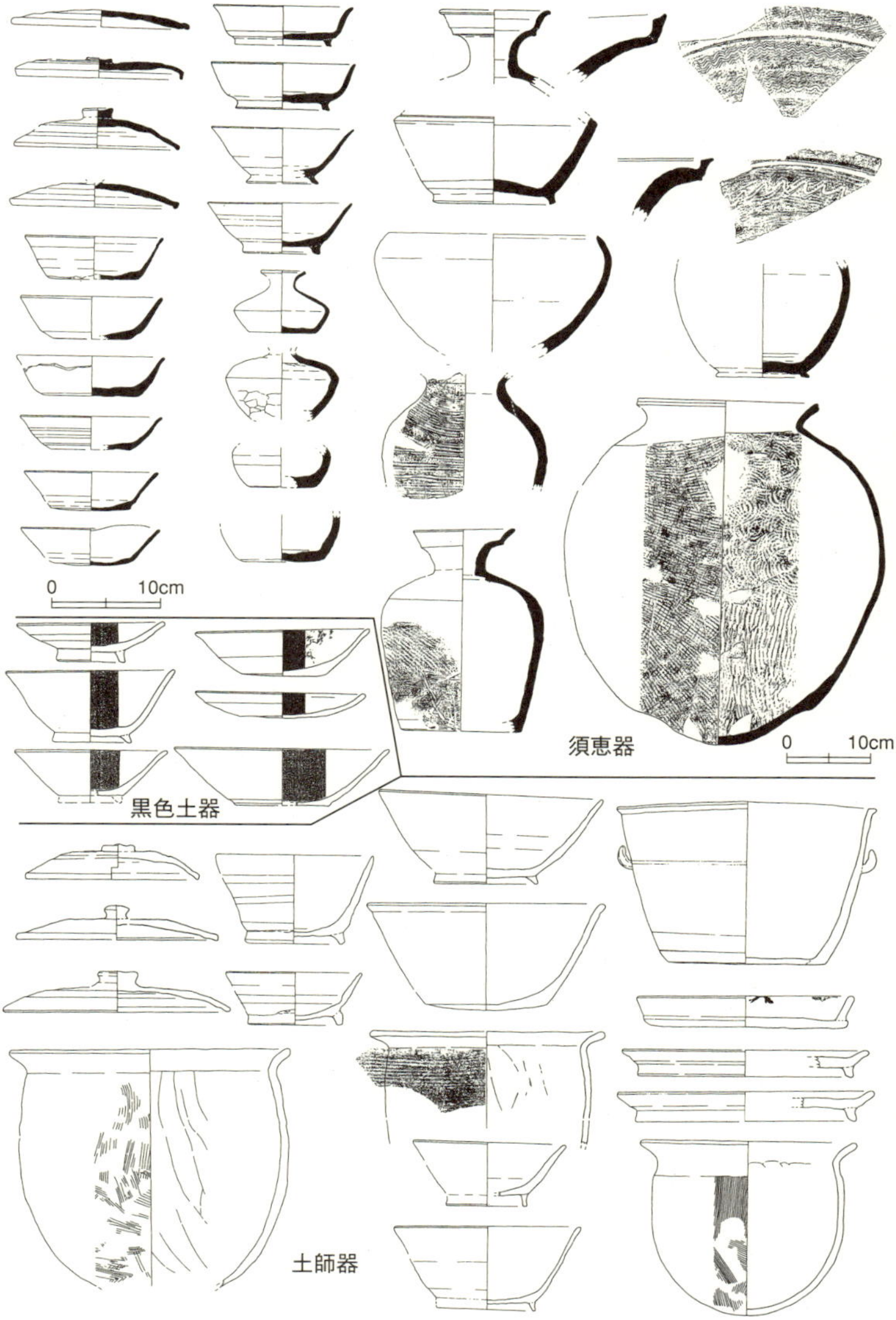

図88　土師器・須恵器の各器種（土師器坏以外）

んど途切れなく遺物が出土している。古代ではとくに八世紀後葉～九世紀前葉の土器が多く出土し、円面硯も出土しているが、池辺寺跡に直接関連するものかは明確でない。遅くとも十四世紀以降の遺物は、池辺寺に関連するものと考えられている。

馬場上地区・来迎院地区でも、八世紀後半から土器が出土する。中世では十四～十五世紀に主体がある。

4　瓦

古代の瓦は、百塚地区と堂床地区から多量に出土している。烏帽子地区・来迎院地区・池の上地区でも少量出土しているが、瓦葺き建物があったとは考えられないほど少ない。以下の瓦の分類・編年は、金田一精の論を引用する。

百塚地区からは軒丸瓦三種類・軒平瓦一〇種類、堂床地区からは軒丸瓦四種類・軒平瓦五種類がある。そのうち軒丸瓦二種類・軒平瓦一種類が両地区に共通している。熊本市の国分僧寺跡・国分尼寺跡（陳山《じんやま》廃寺）・水前寺廃寺・二本木遺跡群の他、稲佐《いなさ》廃寺・田島廃寺・八ノ瀬戸《はちのせと》窯跡・浜口廃寺出土の瓦に同笵《はん》のものがある。なお、笵とは瓦の文様を彫り込んだ木枠のことで、同じ笵を使って製作した場合に同笵という。

八ノ瀬戸窯跡は益城郡に所在する須恵器・瓦窯で、浄水寺《じょうすいじ》に近い位置にある。八ノ瀬戸窯跡からは軒平Ⅰ・Ⅱ類と鬼瓦の同笵例がある。稲佐廃寺は玉名郡、田島廃寺は合志郡の寺院跡である。浜口廃寺は福岡県芦屋町に所在し、各地の瓦が出土することで著名な遺跡で、駅家跡とみる説もある。池辺寺とはあまりに離れており、関連についてはわかっていない。

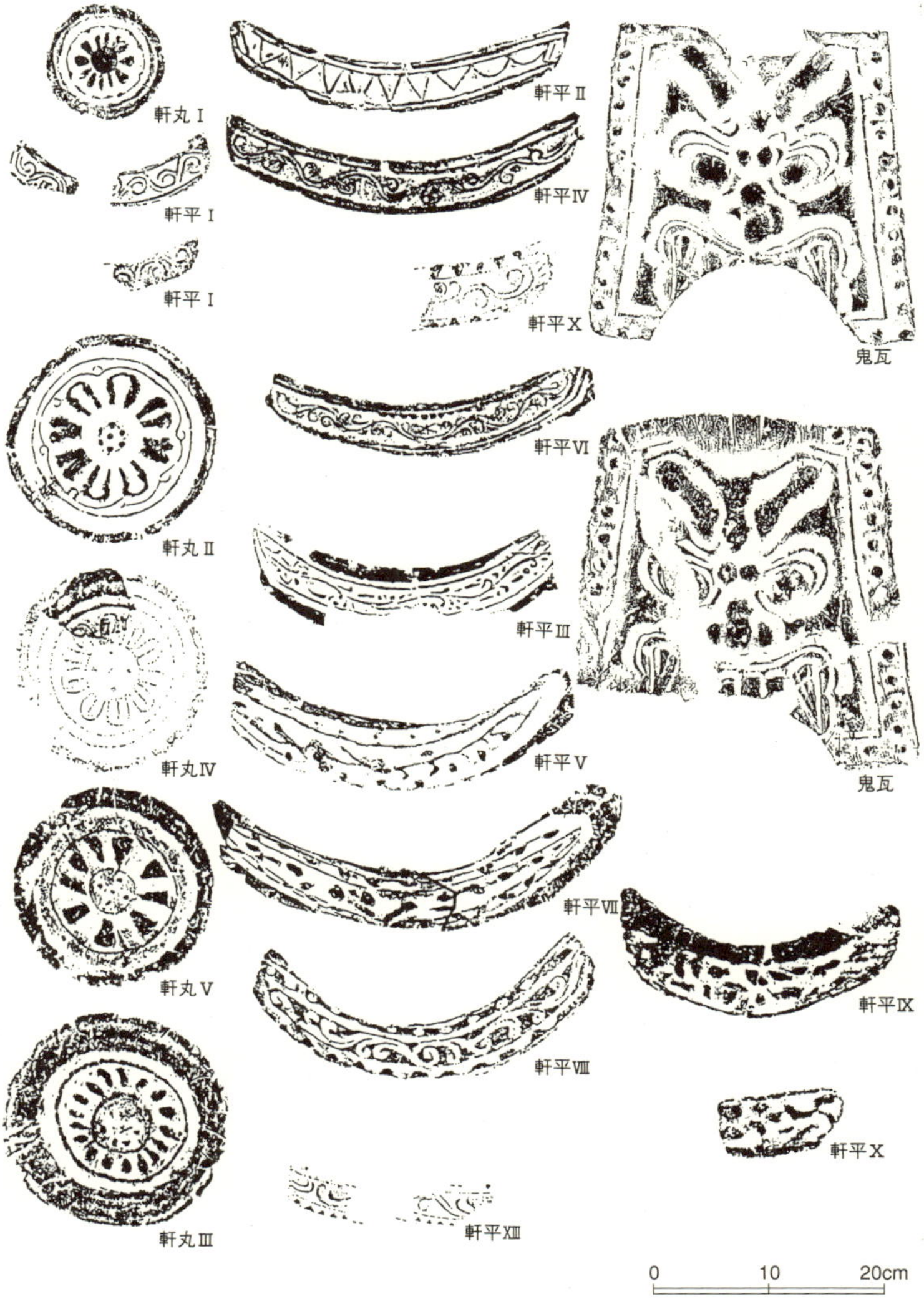

図89　堂床・百塚地区出土瓦　拓影図

表３　同笵瓦出土遺跡一覧（金田一精「池辺寺瓦考」）

	出土地区		同笵瓦出土遺跡
	百塚	堂床	
軒丸瓦Ⅰ類		○	
軒丸瓦Ⅱ類	○	○	陳山廃寺・二本木遺跡群。浄水寺跡・正院遺跡と近縁。
軒丸瓦Ⅲ類		○	国分寺跡・二本木遺跡群
軒丸瓦Ⅳ類	○	○	国分寺跡
軒丸瓦Ⅴ類	○		国分寺跡
軒平瓦Ⅰ類		○	同じ技法の小形瓦は二本木遺跡群から出土。
軒平瓦Ⅱ類	○	○	二本木遺跡群・八ノ瀬戸窯跡
軒平瓦Ⅲ類		○	田島廃寺・茶臼山廃寺？・浜口廃寺
軒平瓦Ⅳ類	○		
軒平瓦Ⅴ類	○		国分寺跡・二本木遺跡群
軒平瓦Ⅵ類	○		二本木遺跡群・稲佐廃寺・水前寺廃寺
軒平瓦Ⅶ類	○		
軒平瓦Ⅷ類	○		
軒平瓦Ⅸ類	○		
軒平瓦Ⅹ類	○		国分寺跡
軒平瓦ＸⅠ類	○		
軒平瓦ＸⅡ類	○		
軒平瓦ＸⅢ類		○	
軒平瓦ＸⅣ類		○	

池辺寺では、軒丸瓦Ⅱ・Ⅳ類、軒平瓦Ⅱ・Ⅳ・Ⅴ・Ⅵ・Ⅶ・Ⅷ類を九世紀前葉段階とし、その大半が創建時のものと考えられている。うち軒丸瓦Ⅱ類は、浄水寺出土瓦との類似から「八二八年前後＝九世紀第１四半期末～第２四半期」の生産と想定されている。軒丸瓦Ⅴ類、軒平瓦Ⅸ・Ⅹ類が補修瓦と考えられ、百塚Ａ地点ＳＸ０２出土土器から「九世紀中葉（第２四半期末）～後葉」と想定されている。

堂床地区では遺跡の残存状態が悪く、耕作土・造成土に多量の瓦が含まれている。長径一メートル程の心礎石があり、塔跡と想定されている。瓦の量・比率などの分析はできていない。堂床地区でのみ出土している軒丸瓦Ⅰ類・軒平瓦Ⅰ類は小型の類で、塔にともなう特殊瓦であろう。

鬼瓦は百塚地区から出土している。現在のところ四個体が確認されているが、すべて同種類で、

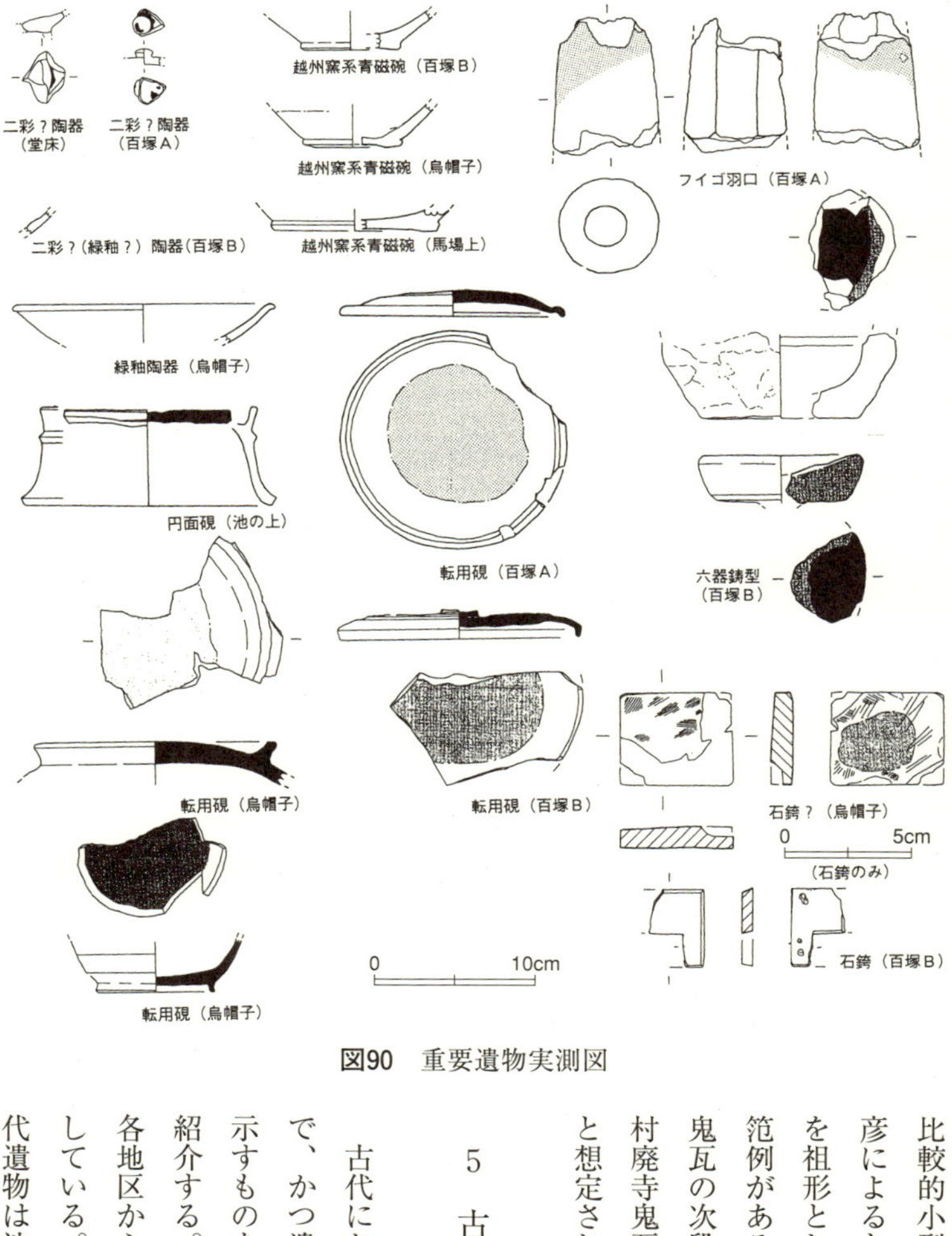

図90　重要遺物実測図

比較的小型である。栗原和彦によると、大宰府式鬼瓦を祖形とし、渡鹿《とろく》廃寺に同笵例がある。中村廃寺出土鬼瓦の次段階のもので、中村廃寺鬼瓦は九世紀初頭頃と想定されている。

5　古代の重要遺物

古代において貴重なもので、かつ遺跡の性格を強く示すものを重要遺物として紹介する。池辺寺跡では、各地区から重要遺物が出土している。池の上地区の古代遺物は池辺寺関連か不明確であるが、含めておく。

(一) 硯

奈良時代以降は文字の使用が広まり、硯《すずり》も官衙《かんが》遺跡・寺院を主として出土例が多くなっていく。文字を書く場所であったことを示す遺物である。九世紀前半までは円面硯とよばれる丸い形の硯が主だが、それ以降は風字硯とよばれるやや四角い硯が主体となる。須恵器蓋・埦などの日常容器を硯に転用したものも多い。池辺寺跡では各地点から出土し、とくに百塚地区に多い。

以下、出土した硯について種別に出土地区と点数を列記する。円面硯は池の上地区から一点。転用硯(墨)は百塚地区から一七点、烏帽子地区から四点、池の上地区から四点。転用硯(朱)は烏帽子地区から二点、堂床地区から一点、池の上地区から一点である。

(二) 墨書土器

墨で文字や絵・記号を記した土器を墨書《ぼくしょ》土器という。熊本県では八世紀後葉から認められるが、九世紀に多くなる。土師器坏・埦の体部・底部外面に記す例がほとんどである。人名・職名・地名・施設名を少ない文字で記す例が多いが、より具体的な行為・目的・意思などを記すものもあり、遺跡・遺構の性格を示す貴重な遺物である。

池辺寺跡では、百塚地区A地点SD01下位祭祀遺構からまとまって出土している。埋納されていた土師器坏六〇点のうち、一三点に「友」と墨書があった。意味としては、「友」「祓」の両方の意見がある。「祓」のほうが意味を理解しやすいが、決め手がない。

他に、烏帽子地区から一点(読めない)、池の上地区から一点(「依」)が出土している。

（三）陶器・磁器

九世紀には、土師器と須恵器といった土器の他にごく少量の陶器・磁器が使用されていた。熊本県では、九世紀中頃から越州窯系青磁などの中国産陶磁器や国産の緑釉・灰釉陶器が流通するが、それ以前は中国産および国産の三彩・二彩陶器がある。いずれも希少品である。池辺寺跡からは、陶器・磁器ともに出土例がある。

以下、種別に出土地区と点数を列記する。二彩は百塚地区から一点、堂床地区から一点。緑釉は百塚地区から一点、烏帽子地区から一点、池の上地区から一点。越州窯系青磁は百塚地区から四点、烏帽子地区から一点、馬場上地区から一点、池の上地区から九点。邢窯・定窯系白磁は烏帽子地区から一点である。

（四）帯飾り（銙帯具）

奈良時代より貴族や官人の服装は、位や職に応じて色・材質が規定され、腰帯の飾りである銙《か》帯具もそれを示す遺物である。よって、銙帯具の出土は官衙あるいは官人の存在を示す可能性が高い。銙帯具は材質によっておもに銅銙と石銙に分かれ、部位によって鉸具《かこ》・丸鞆《まるとも》・巡方《じゅんぽう》・鉈尾《だび》とよばれる。

池辺寺跡では百塚地区から石製巡方が一点出土しており、烏帽子地区からも巡方の可能性があるものが出土している。金子塔のそばからも鉈尾と思われるものが出土している。腰帯を身に付けた人物が池辺寺に来ていた可能性が高く、寺の性格を考える上で重要な遺物である。

（五）製鉄関連遺物

大規模な総合的製鉄遺跡は、熊本県内では二カ所（小岱《しょうたい》山・宇土《うと》半島）で確認されているが、鍛冶による製品加工などの小規模な鉄生産は主要な集落・寺院で直接行われていたようである。フイゴ羽口・鉄滓・坩堝《るつぼ》などはそれを示す製鉄関連遺物である。

池辺寺跡では百塚地区（A地点SX02）にて鍛冶遺構が見つかり、周囲からは多量の製鉄関連遺物が出土している。百塚地区B・C地点、烏帽子地区、堂床地区、馬場上地区、池の上地区でも遺物が少量ながら出土しており、各地区で必要に応じて生産していた可能性もある。

（六）製銅関連遺物

百塚地区からは製銅関連遺物（鋳型・炉壁）も出土している。とくに百塚B地点では、密教法具である六器の鋳型が多数出土し、近くからは銅が付着した炉体も見つかっている。

また、百塚A・C地点からは飾具と思われる小型銅製品も出土している。

Ⅶ　百塚以降の池辺寺

1　平安時代の記録

百塚地区・烏帽子地区から出土する土器の下限は九世紀第4四半期である。中世・近世の遺物がごく少量みられるが、九世紀から連続して寺が営まれたと考えられる出土地はない。現段階では、百塚を中心とした古代池辺寺は九世紀後葉には廃絶したと考えている。

しかし、明治初頭に廃寺となるまで、池辺寺は幾度かの再興を経て存続していたはずである。その証拠が、文献や石造物に残されている。

平安時代のできごとが『池辺寺縁起絵巻』に記載されているが、そのまま史実としてとらえることはできない。まず『縁起絵巻』の第三話をみると、仙海は実在したのかわからないが、仙海の師とされる無動寺の相應は実在の人物である。著名な高僧であるため、それになぞらえた説話であろう。巻末に「仙海が天台を伝え、法相宗であった寺を再興した」とある。現存する『縁起絵巻』は文化元（一八〇四）年に書き写されたもので、元来は寺伝である『観音講式』を基に延宝四（一六

表4　池辺寺跡関連年表

西暦	和暦	池辺寺に関連すると思われる出来事・石造物・記載物（地誌を除く）
七一〇	和銅3	池辺寺伽藍を創建（『池辺寺縁起絵巻』による。金子塔には「和銅年間」と記す）
七一三～一七	和銅6～養老2	道君首名が肥後国司を兼任。味生池を構築（『続日本紀』による）
八〇六	大同元	空海が投げた独鈷が妙観山（独鈷山）に届く（『縁起絵巻』による）
九世紀前葉		百塚・堂床・烏帽子地区などに寺院建立（土器・瓦から想定）
九世紀後葉		百塚地区などの寺院を廃棄（土器・瓦から想定）
九一二	延喜12	仙海が池辺寺の学頭職（大僧上）になり、無動寺相應より振鈴が届く。法相宗から天台宗に改め、再興する（『縁起絵巻』による）
九二四	延長2	日吉山王の神の使いである三匹の猿が現れる（『縁起絵巻』による）
九七六	貞元元	伽藍が焼失し寺を移す（金子塔碑文・『縁起絵巻』による）
一〇七七～八一	承暦年中	快珍が雨乞いの修法を行う（『縁起絵巻』による）
一一六九	嘉暦元	俊芿が池辺寺に預けられる（『泉涌寺不可棄法師傳』『元亨釈書』による）。後に、破壊されていた堂塔を俊芿が再興した（『縁起絵巻』による）
一一九〇～九九	建久年中	大友義直が愛宕堂建立（『文政九年改帳』による）
一二一三	建暦3	「慈鎮和尚所領譲状案」に「池辺寺」記載あり（『華頂要略』による）
一二三四	天福2	「慈源所領注文」に「池辺乾龍寺」記載あり（『華頂要略』による）
一二五一	建長3	「肥後鹿子木荘地頭目録」に「無動寺領池辺寺」記載あり（『勧修寺文書』による）
一三一九	元応元	薬師如来石像（高野辺田地区）
一三二五	正中2	薬師如来石像（高野辺田地区）
一三三七	建武4	金子塔を建立（西平山山中）
一三八七	至徳4	国東「興導寺大般若経」に「池辺寺」記載あり
一三九六	応永3	宝篋印塔（池の上地区）
一四四二	嘉吉2	一字一石碑（笠塔婆塔身）（池の上地区）
一五一四	永正11	地蔵板碑（二王堂地区）
一五三〇	享禄3	板碑（高野辺田地区）
一五三一～三六	享禄4～天文5	菊池義宗裁許状（池辺寺再興勧進の許可状）
一五五〇～六一	天文19～永禄4	吉岡長増礼状（祈祷の巻数と贈物扇・和紙贈呈への礼状）
一五五一～五七	天文20～弘治3	大友義鎮巻数請取書状（祈祷の巻数と贈物扇・和紙贈呈への礼状）

一五五二	天文21	大友義鎮安堵状（快真法印に学頭職を安堵）
一五五八～六二	永禄元～5	大友義鎮礼状二通（八朔祝義の礼状）
一五六〇	永禄3	自然石板碑（来迎院地区）
一五六七	永禄10	自然石板碑（金光寺地区）
一五八八～一六一一	天正16～慶長16	加藤清正味生池を埋め立て（本妙寺浄池公廟碑文による）
一六〇〇	慶長5	加藤清正愛宕社頭を再興（『文政九年改帳』による）
一六三三	寛永10	細川忠利愛宕社の新社頭建立（『文政九年改帳』による）
一六三九	寛永16	愛宕堂灯篭竿石（池の上地区）
一六七六	延宝4	『池辺寺縁起』（現存しない）
一六九二	元禄5	雨乞い（藩記録による）
一七二九	享保14	住職墓碑（池の上地区）
一七三九	元文4	住職墓碑（池の上地区）
一七五七	宝暦7	雨乞い（藩記録による）
一七七三	安永2	住職墓碑（池の上地区）
一七八三	天明3	松尾焼花瓶に年号・寺名など記銘（池の上地区）
一七八三	天明3	秀晃による池辺寺再興碑（池の上地区）
一七八四	天明4	鬼瓦に年号・作者名記銘（池の上地区）
一七八六	天明6	細川綱利・宣紀（住職秀晃）愛宕社の再興（『文政九年改帳』による）
一七八九	寛政元	銅製経罄に年号・寺名など記銘（池の上地区）
一七九〇	寛政2	雨乞い（藩記録による）、釈迦立像板碑（ワクド石、日影地区）
一七九一	寛政3	独鈷堂・地蔵堂・護摩堂・観音堂はないと記載（『文政九年改帳』による）
一八〇四	文化元	『池辺寺縁起絵巻』
一八〇八	文化5	鬼瓦に年号・作者名記銘（池の上地区）
一八一五	文化12	鬼瓦に年号・作者名・寺名記銘（池の上地区）
一八二六	文政9	『文政九年飽田郡池田手永寺社本末御改ニ付寺院間数改帳』
一八三九	天保10	住職墓碑（池の上地区）
一八七〇	明治3	廃仏毀釈によって廃寺となる
一八七四	明治7	住職墓碑（池の上地区）

七六）年に記された。『観音講式』と延宝縁起は現存しない。『肥後名勝略記』（一六八九年）には、仙海による再興の記載がすでにある。延喜十二（九一二）年までに寺が廃れていたと読むと、百塚出土土器の時期がほぼ合致して興味深い。

『縁起絵巻』の第四話・五話は、仙海にまつわる説話で、とくに史実に絡むような部分は見出せない。現存する不動明王・独鈷杵・五鈷鈴は十世紀までさかのぼるものではない。

金子塔に刻まれた貞元元（九七六）年の火災の記述も、史実かはわからない。金子塔は建武四（一三三七）年に建てられ、「百塚建立の年はわからない」としている。火災の年号がどのように伝えられたかは定かではない。しかし、百塚地区から出土する瓦の年代感、百塚地区の建物配置や平面形、天台密教寺院であったとする前提、百塚地区および周辺に広がる焼土や火を受けた瓦などを根拠として、貞元元年を支持する意見は多い。金子塔碑文を根拠に瓦の年代感を記したものもある。しかし、百塚地区のみならず池辺寺跡のどの調査においても火災の痕跡は見出せない。被災した瓦や焼土は誤解である。もし碑文が史実ならば、未発見の池辺寺を指しているといわざるをえない。

『縁起絵巻』の第七話も史実かはわからない。快珍も実在したかどうか不明である。

『縁起』の巻末には、俊芿国師も池辺寺を再興したと記されている。俊芿は実在の高僧で、『元亨釈書』、『泉涌寺不可棄法師傳』に記述がある。それらによると「俊芿は肥後国府飽田郡に生まれ、四歳のときすなわち嘉暦元（一一六九）年から九歳まで池辺寺に預けられた」とある。再興については明確でないが、この頃に池辺寺が存在したことは間違いない。

2　鎌倉時代の記録

『鎌倉遺文』に収録されている『華頂要略』に建暦三（一二一三）年の「慈鎮和尚所領譲状案」という文書があり、無動寺に所属する末寺として池辺寺の名が記されている。同じく『華頂要略』にある天福二（一二三四）年の「慈源所領注文」に、無動寺の末寺として肥後国「池邊乾龍寺　所當八十石」の記述がある。「慈鎮和尚所領譲状案」では、池辺寺の前に乾龍寺と記され、別の寺になっている。後に龍池院の院号を称していたことから、当時の寺名は「池邊乾龍寺」だった可能性もある。なお「所当八十石」は高い上納額であり、当時の池辺寺の勢力が大きかったことを示している。また、無動寺の末寺であった事実は、『縁起絵巻』にある相應や仙海の説話につながるものであろう。

次いで『勧修寺文書』の「肥後鹿子木荘地頭目録」に、「無動寺領池邊寺三丁」との記載がある。建長三（一二五一）年の記録と推定され、池辺寺の衰退を示すものかもしれない。

独鈷山南麓（高野辺田《こうやべた》地区）の小洞穴に、四体の薬師如来坐像が祀られている。うち二体は古く、元応元（一三一九）年と正中二（一三二五）年の銘がある。残り二体は文化四（一八〇七）年の模作である。文政九（一八二六）年の『飽田郡池田手永寺社本末御改ニ付寺院間数改帳』に「醫王寺旧跡石薬師松」とあり、かつて医王寺という寺であったことがわかる。医王寺と池辺寺のかかわりは定かではないが、改帳には池辺寺に付属させて記載している。

3　南北朝・室町時代の記録

南北朝時代に入って、建武四（一三三七）年に金子塔が建てられている。碑文内容は前述のとおりであるが、この場所に建てた理由は何であろう。

阿蘇品保夫は修験道とのかかわりを重視しており、以下にその論を要約する。近世地誌によると、金峰山は古くより信仰の対象であり、飽田郡あるいは肥後国の鎮山として崇められてきたことがわかる。金峰山系での修験道に関する古文献は残っていないが、地名・神社・寺院・祠、行場と思われる景勝地、伝承といった多くの痕跡をとどめている。

金峰山系修験の痕跡は天台宗系がほとんどであるが、鎌倉時代の記録からも池辺寺と無動寺の関係は明らかであり、比叡山系の修験がこの地で行われていたと考えられる。とくに、仙海の師とされる相應が比叡山修験の祖であることは興味深い。『拾遺集』において肥後国司清原元輔の前で「ことやうなる僧（異様なる僧）」が和歌を詠んだとあるので、遅くとも十一世紀には金峰山系修験の始まりを認めることができる。すでに無動寺の末寺として山林修行が盛んに行われていたのであろう。金子塔に記された「万行成就の地」を修験の到達地として解釈するならば、金子塔は修験者に向けて建てられたといえる。

金子塔は、百塚地区の北西側山中にある。まさに金峰山への方角であり、逆に言うと山系修験者が山を下り飽田郡の里に向かおうとする所に位置する。すなわち修験者が池辺寺の霊域に入った所に建てたものと考える。金峰山周辺の南北朝時代の情勢をみると、池辺寺の山系における優位が衰

図91　池の上地区　宝篋印塔台座

退しており、そのため勧進によって建立の願主を求めながら、修験者らに池辺寺の旧来の権威を示したのであろう。すでに寺の中枢は麓（池の上地区）に降り、古代池辺寺の由緒は伝承となっていた。以上が阿蘇品の論である。

寺が麓に移った証拠として、池上日吉神社境内の石造物（市指定文化財）がある。最も古いものは、応永三（一三九六）年の宝篋印塔で、台座のみ残っている。次いで嘉吉二年（一四四二）の一字一石碑がある。『肥後国誌』などによると、六地蔵石幢があったらしいが現存しない。文字は読めなかったようだが、十五世紀のものと思われる。十六世紀になると、二王堂地区に永正十一（一五一四）年、高野辺田地区に享禄三（一五三〇）年、来迎院地区に永禄三（一五六〇）年、金光寺地区に永禄十（一五六七）年の板碑がある。いずれの石造物にも「池辺寺」銘はないが、一帯に寺坊が存在し池辺寺がその中心となる寺であったと考えられる。

この時期の池辺寺に関連する文書は、地元の「池辺寺跡財宝管理委員会」が所蔵する七通の古文書（市指定文化財）と、豊後（大分県）国東郷の「興導寺大般若経」が知られる。興導寺大般若経では、写経が行われた場所として巻二四一に

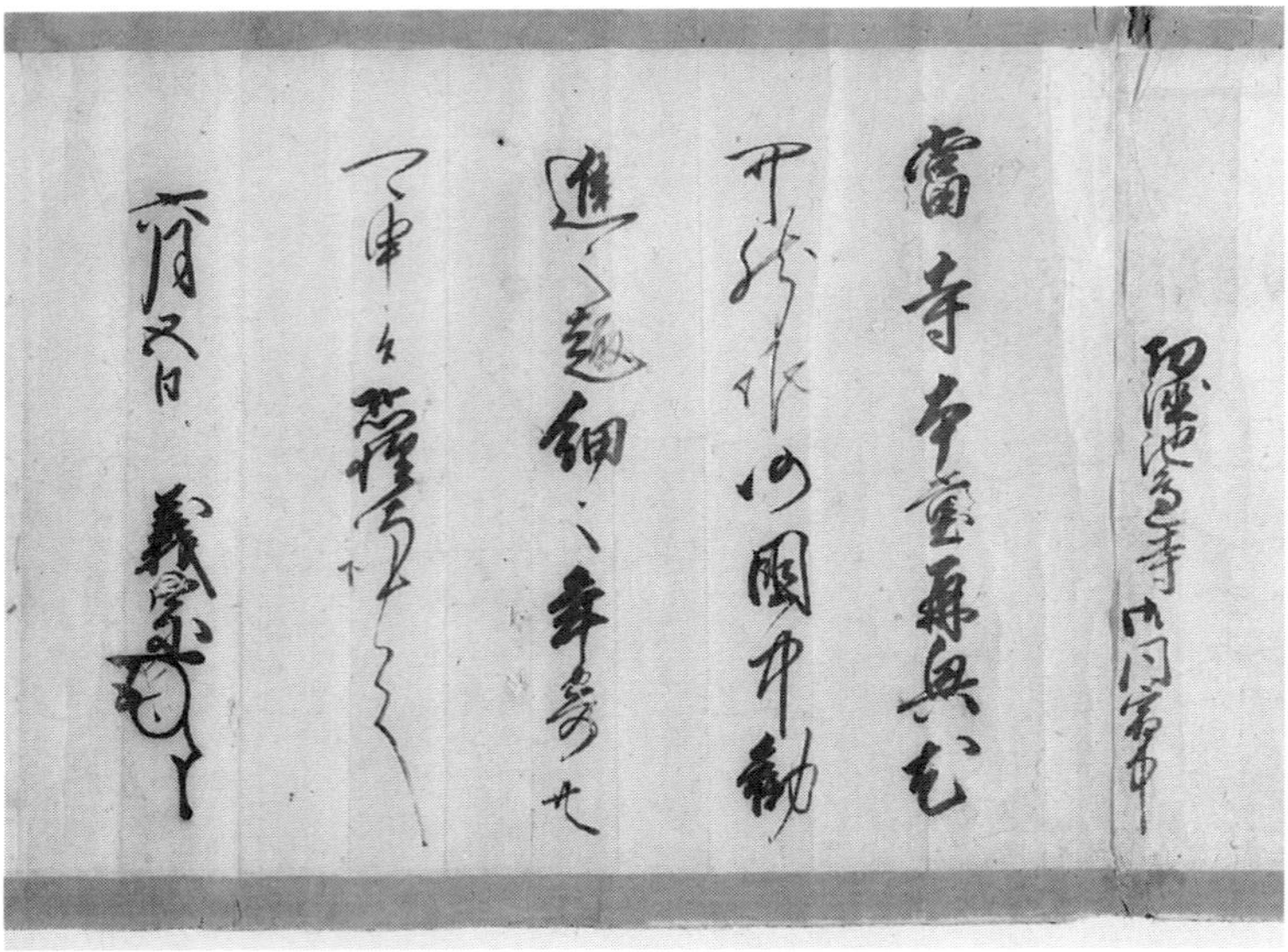

図92　池辺寺に伝わる古文書（菊池義宗裁許状）

「至徳四（一三八七）年、肥後州池辺寺之海月庵」と記されている。古文書七通のうち最も古いものは守護菊池義宗の裁許状で、享禄四（一五三一）年〜天文五（一五三六）年のものと考えられる。頽廃した池辺寺本堂の再興のために勧進許可を願い出たものである。越前守吉岡長増への礼状は、祈祷の巻数と贈物扇・和紙贈呈に対するもので、天文十九（一五五〇）年〜永禄四（一五六一）年のものと考えられる。残りの五通は大友義鎮からのものである。祈祷の巻数と贈物扇・和紙贈呈に対する礼状は、天文二十（一五五一）年〜弘治三（一五五七）年のものと考えられる。天文二十一（一五五二）年のものは、快真法院を学頭職とする安堵状である。他に八朔の祝儀に対する礼状が二通あり、永禄元（一五五八）年〜永禄五（一五六二）年のものと考えられる。

　独鈷山西側の上高橋高田遺跡では、中世の遺物が大量に出土しており、注目すべき文字資料がある。一つは呪符木簡で、上位には「口」を線で結び、その下に「月」を横に並べ、下に「鬼」を書いて、下半には「急急如律令」とある。もう一つは下半を尖らせ、「□般若波羅密多経之御下□□」と書かれてある。また、五輪塔をかたどった木片もあり、柿経《こけらきょう》の一部かもしれない。池辺寺とのの関連は明言できないが、近隣の寺・僧や修験者とのかかわりがうかがえる遺物である。

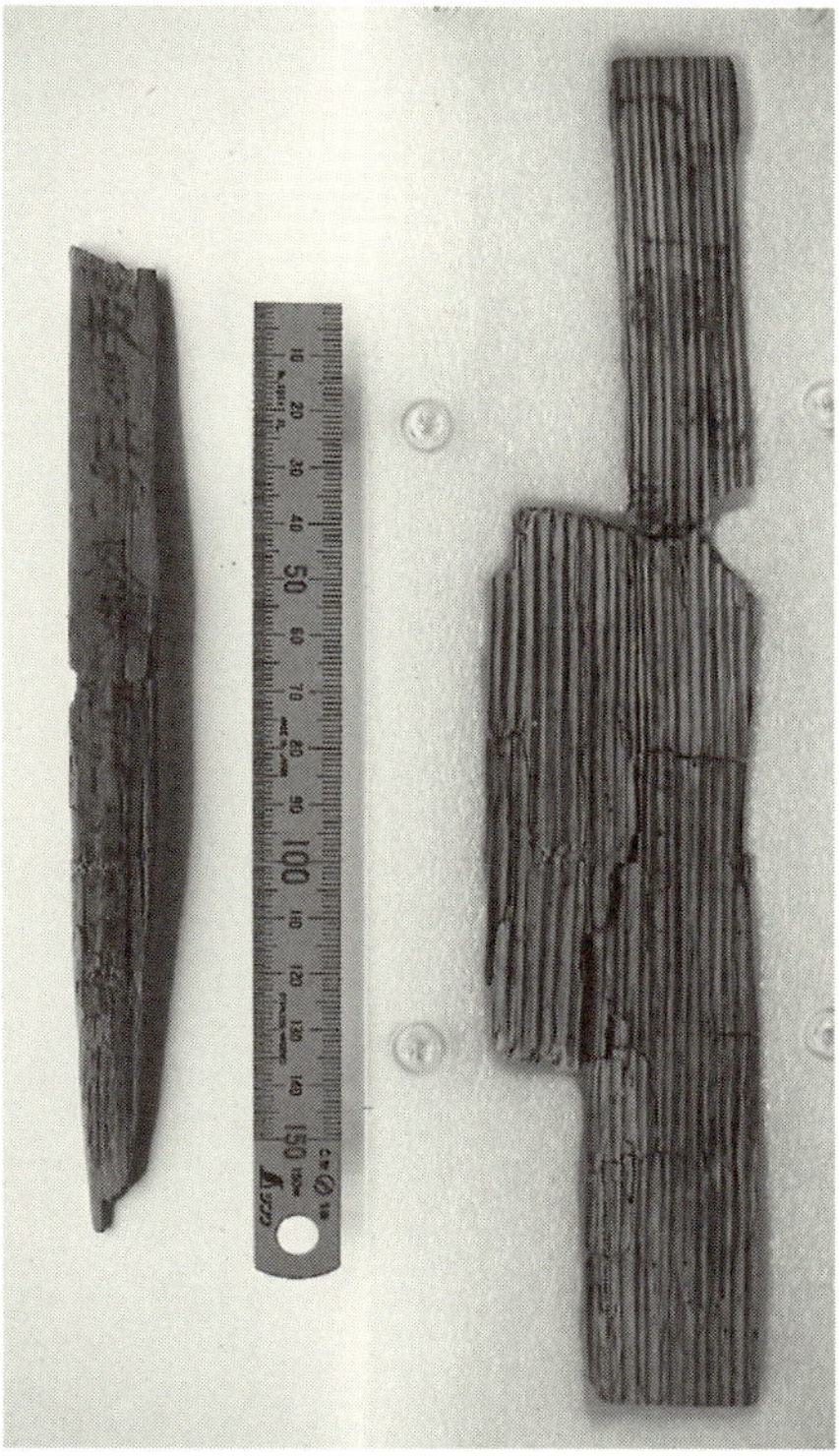

図93 上高橋高田遺跡出土木簡２例

4 江戸時代の記録

肥後北半の領主となった加藤清正は、熊本城および城下町の整備とともに各所で大規模な河川改修と新田開発を実施した。味生池の埋め立てもその一例といわれ、文化十四（一八一七）年建立の本妙寺浄池公廟碑に「墾瀬海之斥鹵、堙味生之池、以為佃田」と記されている。

『文政九（一八二六）年飽田郡池田手永寺社本末御改ニ付寺院間数改帳』という記録に、池辺寺の寺堂配置図とおのおのに対する記

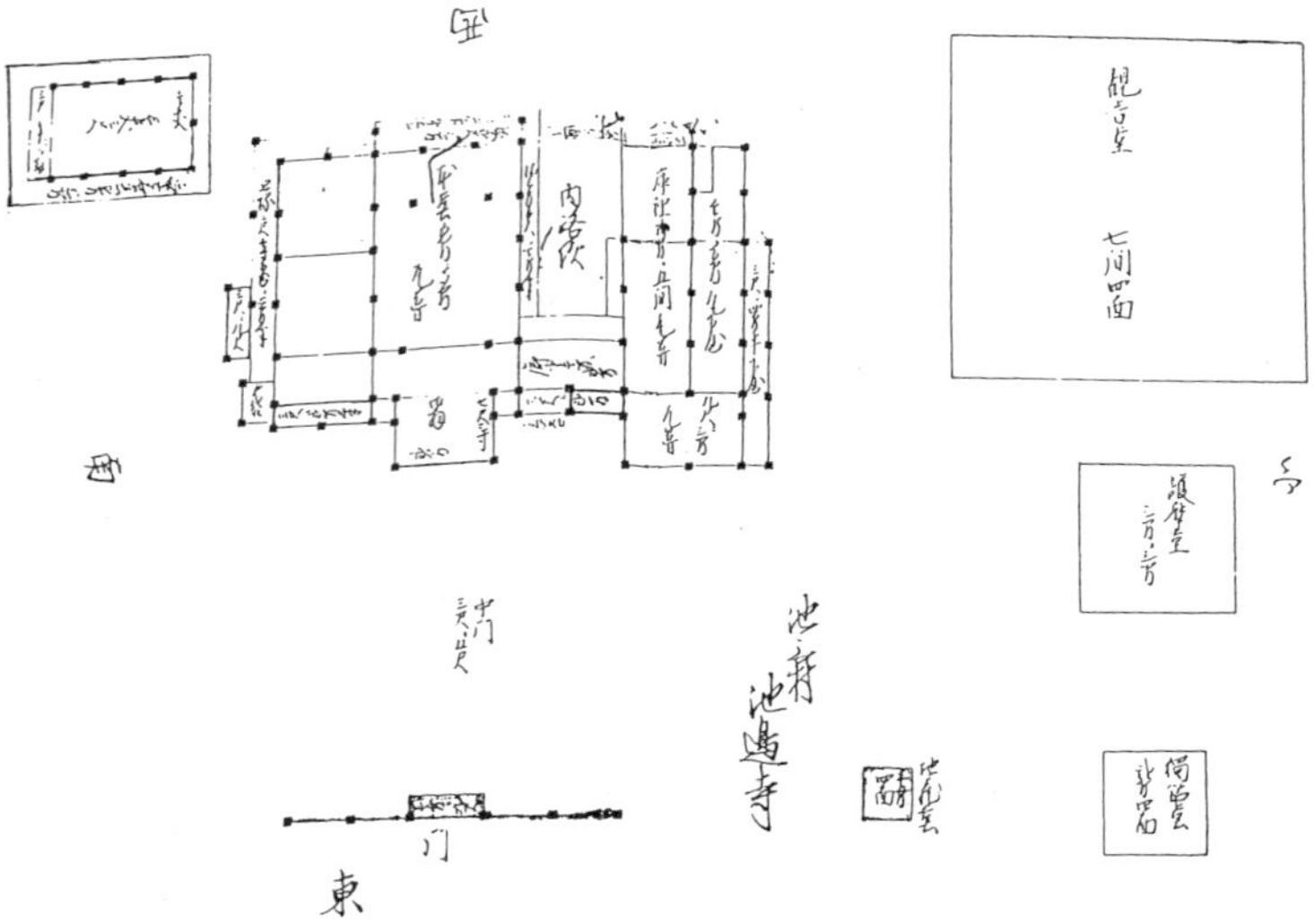

図94　『文政九年飽田郡池田手永寺社本末御改ニ付寺院間数改帳』堂舎配置図

述がある。配置図では、門は本門・中門とも東向きで、その西に本堂と庫裡、本堂の南西に愛宕堂、本堂の北に観音堂・護摩堂・独鈷堂・地蔵堂がある。境内は一反九畝一二歩（五八二坪）。本堂は五間×五間の瓦葺き、御拝は七尺三寸×二間、周囲に縁側が巡る。庫裡は二間×五間の瓦葺きで、本堂と廊下でつづく。愛宕堂は以前二間×三間であったが、寛政三（一七九一）年には一丈三尺×一丈と小さくなっていた。観音堂（七間四面、萱葺き）・護摩堂（三間四面、御拝付、瓦葺き）・独鈷堂（二間四面、御拝付、瓦葺き）・地蔵堂（一間四面、御拝付、瓦葺き）および本門・中門は、寛政三年にはすでになくなっていた。独鈷堂には高さ一尺五寸程の宝塔が納められ、そのなかに金子観音と独鈷杵を安置していた。また護摩堂には不動明王像、観音堂には浮木観音像が祀られていた。

愛宕堂については、建久年中に大友義直によって建立され、大友・菊池両代の崇敬を受け、その後も加藤清正や細川忠利・光尚・綱利・宣紀によって加護を受けたと記載されている。寛永十六（一六三九）年に愛宕堂に寄進された燈篭の竿石が現存する。

他にも、寺に付属するものとして六地蔵石幢、石像阿弥陀佛、白山権現神木松、十禅師権現石祠、八王子権現社、山王社、妙相水池、龍登天石、妙見森、金光寺旧跡森、奥院妙観山観音堂旧跡、金子観音堂旧跡石碑、醫王寺旧跡石薬師松、天満宮、薬師堂、寺領山林、御寄附米、御祈祷料之事、御初穂について記載されている。「奥院妙観山観音堂旧跡」は、おそらく百塚地区のことであろう。

『改帳』の記載を裏づけるように、天明三（一七八三）年に住職秀晃によって建てられた再興碑がある。秀晃は荒れはてていた堂宇を再興し、文化元（一八〇四）年には『縁起』を絵巻に書き改めさせるなど、寺の整備に努めた。秀晃の代の物として、天明三年銘の松尾焼花瓶、天明四年銘の鬼瓦、寛政元（一七八九）年銘の

図95　池の上地区　池辺寺再興碑

図96　池の上地区　池辺寺住職墓碑

経罄などが残されている。

秀晃の次に住職となった無染も再興に努め、文化十二（一八一五）年銘の鬼瓦が残っている。また、無染は秀晃の弟子だった寛政二（一七九〇）年に、釈迦説法印相を刻んだ板碑（通称ワクド石）を築いている。妙観山西の字日影にあり、妙林堂から池辺寺へいたる中間点に位置する。

池上神社の境内には、池辺寺住職の墓碑が五基残されている。古い順に、享保十四（一七二九）年、元文四（一七三九）年、安永二（一七七三）年、天保十（一八三九）年、明治七（一八七四）年である。

他に、藩記録のなかに池辺寺での「独鈷を用いた雨乞い修法」が元禄五（一六九二）年、宝暦七（一七五七）年、寛政二（一七九〇）年に認められる。

図97　聖徳寺所蔵の池辺寺礼盤

5　廃寺の後

以上のように、百塚地区の池辺寺が廃絶した後も、荒廃と再興をくり返しつつ池辺寺が存続していたことがわかる。

一八六八（明治元）年の太政官布告神仏分離令、一八七〇（明治三）年の大教宣布などを受け、廃仏毀釈運動が全国的に激しくなった。池辺寺も一八七〇年頃に廃寺となり、独鈷山にあった山王社（日吉神社）を移設して、現在は池上日吉神社とよんでいる。神社境内や来迎院地区の石仏は首をはねられ、顔を割られているものが多く、他の石造物も完全な形では残っていない。おそらく廃仏毀釈による行為であろう。

寺にあった仏像・寺宝類は一部散逸したが、日露戦争終了のときに地元有志らが国からの支給金を出し合うなどして紀念堂を建立し、仏像・寺宝類の買戻し・寄贈・修復を進めて堂内に安置した。その地元有志らは後に「池辺寺跡財宝管理委員会」として組織され、現在も活動をつづけている。紀念堂は、現在池上公民館となり、その東下の広場に池辺寺跡の記念碑が建てられている。この広場には、明治時代より池上村役場が置かれていた。

上高橋町の聖徳寺にある礼盤の裏書きに、その頃の状況をうかがうことができる。「此臺座元池上村池邊寺ノ寶物ニ有之候処該寺住職智常ナル者維新ノ節即チ明治五年三月帰農願ヲ致シ寺物賣却ノ節買受居候ヲ今般修繕ヲ加ヘ改テ當寺ニ寄進致シ候也　明治四拾弐年拾弐月拾四日」、「是ハ池邊寺開基ヨリ三代目住職ニテ今ヲ去ル一千百年前仙海僧正ノ代ニ該寺御寶物鈴獨鈷ヲ毒龍女ニ化シテ盗ミ取リシヲ同僧正池ノ邊ニ護摩段ヲ設ケ右寶物ヲ祈リ返シタル時ノ臺座ニ有之候護摩段ハ当時同村記念堂ニ有之候」と墨書きされている。

Ⅷ　池辺寺の変遷

1　池辺寺の創建はいつか

『縁起絵巻』では和銅三（七一〇）年、現存しない寺伝『観音講式』および金子塔碑文には和銅年中の創建と記されている。味生池を構築したとされる道君首名が肥後国司を兼任したのが和銅六年からなので、池辺寺が味生池に由来するならば和銅三年創建は成り立たない。以下に池辺寺創建に関する諸説をあげる。

『肥後国誌』や『縁起』には「初メハ法相宗タレトモ中興以来天台宗ニ改ム」とある。鈴木喬は法相宗は都市仏教であるとしてこの説を否定するが、八世紀や九世紀初頭にさかのぼるならば天台宗ではない。鈴木は、道君首名が祭られている高橋近傍に味生池堰堤の安全祈願のために池辺寺を建て、天台宗が流行した平安初期に百塚に移ったと述べている。

池の上地区から約三キロ西に千金甲《せごんこう》瓦窯跡があり、八世紀前半の瓦が出土している。その瓦は他に出土例がなく、消費地が特定されていない。富田紘一は、味生池の近隣に創建期の池辺寺があり、この瓦を葺いていた可能性を提言している。

一方、『縁起』や金子塔などの創建時期や創建者について史実と考えていない研究者は多い。松本雅明は堂床地区を池辺寺発祥の地とし、十一世紀と想定している。乙益重隆は百塚地区・堂床地区を最初の池辺寺跡とし、その時期を平安時代前期としている。大城康雄は、堂床地区を百塚地区より先行する祭祀遺跡ととらえていたが、平安時代初頭を池辺寺創建時期と想定している。

百塚地区・堂床地区は、出土した土器・瓦から九世紀前葉の創建と考えられる。和銅年中とは一〇〇年の差があり、土器・瓦の形式からみて差がなくなることはない。むしろ、天台寺院としての前提、建物構造・配置、庭園の存在、瓦の文様、金子塔碑文などを根拠として、より後出する遺跡と解釈する研究者が多い。

聖徳寺の礼盤の裏書きには、仙海を池辺寺開基より三代目の住職と記している。仙海の中興は延喜十二（九一二）年とされるので、もしこれらが事実ならば、池辺寺開基を九世紀代にみることは妥当になる。

八世紀代の遺物が出土しているのは、現在のところ烏帽子地区・池の上地区・馬場上地区である。烏帽子地区の場合、八世紀後半まではさかのぼるが、九世紀の遺物とともに出土し、八世紀代から造営されていたとはいいがたい。馬場上地区でもわずかながら八世紀後半の土器が出土しているが、遺跡の詳細はわかっていない。池の上地区では、六・七世紀代から土器が出土し、とくに八世紀後葉から九世紀前葉のものが量・種類ともに多い。集落に適した立地ではないため寺院の可能性もあろうが、瓦はわずかしか出土しておらず、池辺寺とのかかわりはつかめていない。各地区とともに今後の調査に期待せざるを得ない現状である。

「池辺寺」という寺号が創建時からならば、味生池のほとりに位置したはずである。堂床地区と味生池は比高差が七〇《メートル》程あるが、味生池を一望でき、池のほとりからも塔を見上げることができたであろう。乙益や大城も寺号の起因を堂床地区に求めている。独鈷山東側平坦地にも土師器片が落ちているが、詳細はわからない。須恵器がないようなので古代ではないように思える。

現段階では、百塚地区を中心とし周辺各地区とともに構成される九世紀前葉建立の池辺寺が、最初の池辺寺跡であった可能性が高いと考えられる。

2　百塚期（九世紀）の池辺寺

これまでの調査から、九世紀において百塚地区・堂床地区・烏帽子地区・金子塔地区の遺跡が共存していたことは確実である。馬場上地区・池の上地区・独鈷山でも同時期の遺構・遺物が存在するが、池辺寺にどう関連したものかはまだ明確になってはいない。僧房の位置は未確定だが、烏帽子地区検出の掘立柱建物や現在の平集落が候補地である。

九世紀の池辺寺は、根本中堂・百塔・園池の存在から百塚地区が中枢であったと考えられる。眼下に味生池を臨む堂床地区を開口の端部とする谷の真西最奥部に赤羽毛山の小さな頂が位置する。山頂は祭祀遺跡かと思えるようなたたずまいを有し、両翼のように延びる尾根に烏帽子地区と金子塔地区の祭祀遺跡がある。百塚地区は赤羽毛山を堂床地区からの谷に向けて下りた所にあって、谷の付け根に位置する。堂床地区の方から見ると、百塚地区を要に扇を広げて立てたように各地区が

図98　百塚地区の周辺　東上空から

配された景観となる。この景観と構成は明らかに意図的であり、地形だけではなく方位の選定もなされたのであろう。さらに味生池の西側を囲むような位置の馬場上地区・池の上地区・独鈷山も、おそらく選ばれた場所なのであろう。国府・国分寺・郡衙などの主要施設との位置関係をみると、味生池および池辺寺の位置にしても方位として意図的な選択があったように思われる。

大城康雄は、百塚地区を中枢とする九世紀の池辺寺に、山岳寺院としての平野部すなわち下界からの強い遮断性を主張している。しかし、俗世から隔絶された山林修行の場を強く求めたならば、より深く山に入るべきであろう。堂床地区の心礎石はその大きさから三重塔と想定されており、心礎のみなので塔の大きさはわからないが、かなりの遠方からも目立っていたと考えられる。また、どの地区からも下界が見下ろせることも考える

図99　池辺寺跡と二本木遺跡群　北東上空から

と、下界とのつながりを残し、むしろ寺院の存在を平野部の住民に顕示するような選地であったともいえよう。百塚地区の灯明も見えていた可能性が高い。また、陶磁器や銙帯具・硯などの貴重遺物の出土は、閉塞的な印象にはそぐわない。

飽田郡の郡衙・国府と推定されている二本木遺跡群から味生池や池辺寺跡を見ることはできないが、二本木遺跡群の西側を囲むようにそびえる万日山・花岡山に登って西方を眺めると眼下に味生池が広がり、その西の対岸に堂床の塔を見ることができる。また、花岡山の頂からならば、真西の方角に堂床の塔とさらに奥の百塚地区の堂宇や百塔までも眺めることができる。西方浄土を連想させる景観であったといえよう。一方、両山から東を見渡すと眼下の二本木遺跡群には国府あるいは郡衙の政庁や大規模な集落が広がり、熊本平野に配置された国分寺・西海道駅路・蚕飼駅・託麻郡衙などといった当時の肥後国の主要施設を一望することができたであろう。二本木遺跡群との位置関係は、万日山や花岡山の頂からの眺望が重要な要素であったと考えられる。

浄土を連想させる情緒は百塚地区でもうかがうことができる。百塚地区は東に開いた谷の奥に位置するため、背後の山間に日没する。とくに彼岸の頃は本堂建物の真後ろに沈むため、澤村が指摘するように須弥壇の後壁が開放されていたならば、堂内に西日が差し込んで金色に輝いたことであろう。また本堂の眼下に位置する池は、小規模ではあるが砂利敷きの中島、出島や景石を有した庭園のようであった。

板楠和子は、飽田郡司であった建部君一族の関与によって建立・維持されていたと想定する。当時の建部君一族の仏教とのかかわりや強い勢力を考えると、当然池辺寺造営の中心であるとともに、百塔や園池の導入は、当時の中央にいて最新の仏教知識を知り得た建部君一族ならではのことであろう。

一方、金田一精は池辺寺跡の創建瓦が玉名郡・益城郡・託麻郡といった飽田郡周辺からの供給であること、国府とも推定される二本木遺跡群や託麻郡にある国分寺の瓦と共通性が高いことを指摘している。九世紀の池辺寺は各地区ともに造成工事と石を多用した遺跡で、かなりの労働力と経済力を要したと考えられる。とくに百塚地区の遺構群は壮大である。飽田郡だけではなく周辺の各郡も含めた事業規模と公的な性格を連想させる。

池辺寺建立によって、熊本平野には東西に主要寺院が置かれたことになる。池辺寺が定額寺となった記録はなく、僧侶の動向などもわからないが、国分寺が国家仏教の中枢として機能する一方で、池辺寺は山林修行も兼ねた万行成就の寺として肥後国の中心域において重要な位置を占める寺であったと思われる。

池辺寺創建の背景については、その糸口がようやく見えてきたにすぎない。当時の二本木遺跡群が国府であったか、託麻郡も建部君一族の領域だったか、さらには駅路・駅家・郡衙の位置や変遷、瓦や土器の生産と流通など、池辺寺周辺での各課題の解明が重要な要素となるのであろう。

3　百塚廃絶の理由

前述のように大規模かつ個性的な山林寺院であった池辺寺は、一〇〇年ももたずに廃絶している。金子塔などには火災に遭ったと記しているが、調査結果からその痕跡は見出せない。

百塚地区の発掘調査では、各遺構の周囲には遺構を構成していた多量の石が崩れた状態で検出された。それらの崩れた石の下から九世紀後葉の土器が出土し、廃絶期の遺物と認識される。崩れた石とともに堆積した土にも九世紀後葉の遺物が含まれ、それ以降の遺物は表土にしか含まれない。同じ地点での建て替えや重複・変遷を確認できる事例はなく、同じ所に再興されることはなかった。

坪井清足は、百塔から出土した宝珠などの石製品は九世紀代より新しく、少し後から供養のために寄進した物と考えているが、それらは石積みが崩落した石の下にもあり、崩落石の下から出土する土器は九世紀後葉のものである。百塔では、配置の意味や造塔の目的などの課題とともに、崩壊とその後の展開においてもわからないことが多い。部分的な崩壊と復旧なども考慮しなくてはならないだろう。寛永通宝が表土から出土していることから、江戸時代にも塚状のまとまりが認識できる程度にはあったと思われる。後世に何度か石を積み直した可能性もあろう。百塚という地名や「侍の塚」との伝承があるので、江戸時代にはもはや塔と思わせるような姿ではなかったのであろう。

百塔が後世まで多少の姿をとどめ、信仰の対象として残っていたとしても、建物群や園池などの遺構は後世には認識されないほど埋没していたようである。その違いの要因は、百塔域からの土砂の流入と石垣（ＳＷ０１）の崩壊であろう。石垣上位や階段部分に百塔域からの土砂の流入を防ぐ工夫があったかもしれないが、大雨のときには土砂の処理に苦慮していたのではないだろうか。

九世紀後葉は、肥後国全体でも遺跡や遺構・遺物の変遷における大きな画期となった時期である。その背景としては『日本三代実録』にみられるような天変地異だけではなく、社会的な要因も大きかったと思われる。建部君一族の記録がこの時期に途絶えていることが一族の衰退を示しているならば、池辺寺の維持管理の衰退につなげて考えることも可能であろう。他の地方寺院でも、この時期に衰退したり存続が不明確になる事例が多いようで、仏教信仰や壇越のあり方に変化があったともいわれている。

百塚Ａ地点の鍛冶工房（ＳＸ０２）や補修瓦（新期の瓦）によって、九世紀中葉から後葉にかけての時期に建物補修が行われたことがわかっているが、九世紀後葉には築七、八〇年もたった建物群や石垣（ＳＷ０１）が崩壊し、経済的・社会的な事情によって大規模な修復を成し得なかったことが百塚廃棄の要因であったと推測している。他にも、廃絶につながる内部的な理由があったかもしれないが、現時点ではわからない。

4　百塚以降の池辺寺の所在

前述したように、十・十一世紀の記録は『縁起絵巻』でしかないが、十二世紀以降は文書が残っている。「延喜十二（九一二）年に池辺寺が天台宗の寺として再興された」との伝承が史実ではないにしろ、九世紀後葉の百塚期池辺寺の廃絶以降も何度かの再興を経て池辺寺が存続していったことは間違いなく、十二世紀に俊芿が池辺寺にいたことは事実であろうから、遅くとも十二世紀には天台宗となっていたといえよう。

これまでに、十世紀以降の平安時代の遺物が明確に出土しているのは池の上地区（二〇〇〇年度調査区）だけであった。十・十一・十二世紀代の遺物が継続的に出土しているが、十二世紀前半までは少量で、九世紀後葉以前と十二世紀後半以降の遺物が多い。十二世紀後半～十三世紀前半の遺物では未使用と思われる陶磁器が多く、寺院跡の出土遺物とは考えにくい。しかし調査地は現在公民館がある尾根下の急傾斜地であり、地形的にみると、池辺寺の中枢はより上位の池上日吉神社やさらに上位の墓地あたりと推測される。応永三（一三九六）年の宝篋印塔などから、遅くとも十四世紀からはこの地に池辺寺跡があったといわれているが、少量ながらも遺物が出土していることは十世紀代にさかのぼる可能性を示している。修験道との関連も考慮しなければならないが、現時点では最有力候補地であろう。

二〇〇八（平成二十）年度に確認調査を実施した金子塔の建つ平場からも、十一世紀頃の土器がわずかながら出土している。周囲の地形や面積から、池辺寺の中心施設があったとは考えにくく、関連施設とみるべきであろう。金子塔はその跡地に建てられたことになる。

また、独鈷山も十世紀頃の土器や経塚の存在から平安時代に祭祀の拠点であったことがわかるが、池辺寺の中枢があったような要素は見出されていない。

中世（十四・十五世紀）の遺物は多くの地点から少量は出土しているが、池の上地区以外に池辺寺の中枢があったといえる状況ではない。馬場上地区・来迎院地区からは比較的多く出土し、遺構や五輪塔などの石造物も多く確認されている。三体の胎内仏・小仏もあり、当時の坊・院があった区域と考えられる。それ以外の地区でもそうした可能性があるが、よくわかっていない。

5　池辺寺変遷の総括

一九八六（昭和六十一）年からこれまでの調査成果によって池辺寺の変遷をまとめると、以下のようになる。

『池辺寺縁起絵巻』などにあるように前身となる「観音を祀った小さな堂」があったのかもしれないが、池辺寺としては九世紀前葉に百塚地区を主として創建され、堂床地区・烏帽子地区・金子塔地区など、広域に施設を配置する山岳寺院として構成されていた。

九世紀後葉に一度廃絶し、おそらく十世紀には池の上地区あるいは未発見の地で再興された。天台宗となったのは再興後と考えられる。百塚期のように複数の地区で構成されていたかどうかはわからないが、たとえば独鈷山は長期間「祭祀の山」であったと推測されるし、金子塔のところのように山中に関連施設が点在したのであろう。山林修験の流行期でもあるため寺の活動域はより広かったと思われる。

今後の調査によって、平野部に近い池の上地区ではなく、より山中にて九世紀以外の寺の中枢が見つかる可能性もあるが、「二王堂」地名が残ることからも池の上地区の手前が池辺寺の入口であったことは疑いない。

何度かの衰退・再興を経て、十四・十五世紀には馬場上・来迎院地区などにいくつもの坊・院を構えるほどの規模となっていたようである。近世においても衰退と再興をくり返していたことは前述のとおりである。そして、明治初期の廃仏毀釈によって完全に廃寺となった。

現在のところ、池辺寺跡の中心地は百塚地区と池の上地区の二カ所しか見出せていない。おそらく拠点はこの二カ所のみで、各時代によって山中各地での施設群や活動範囲を変えながら、千年以上の歴史を刻んできたのだと考えている。

Ⅸ　これからの池辺寺跡

1　現在の池辺寺跡

百塚地区は一九九七（平成九）年九月に国史跡の指定を受け、二〇〇二（平成十四）年三月には追加指定を受けている。現在、指定面積は約一・八㌶、うち約一・七㌶が市有地となった。現在、百塔以外の遺構は埋め戻され、一部はシートで覆われている。

一方、百塚地区の指定地以外においては調査のたびに地権者より土地を借用し、調査後には埋め戻して復旧している。畑では遺跡保護のために開墾の深さなどの制限を受けている所、山林では開発を控えていただいている所もある。多くの方々の協力と厚意によって遺跡が保護されている。

2　池辺寺跡の整備事業

熊本市では、ようやく池辺寺跡の整備事業が始まり、二〇〇七（平成十九）年度に『史跡池辺寺跡保存整備基本構想書』を刊行した。構想では、整備事業は短期・中期・長期の三段階に分けられ

図100　現在の百塚地区C地点

ている。短期整備では百塚地区C地点が対象となり、構想では二〇一一（平成二十三）年度竣工を目指していたが、若干遅れていくようである。

なお、百塚地区A地点や烏帽子地区・前原地区・金子塔地区などの百塚周辺地域を中期整備の対象とし、長期整備では堂床地区・池の上地区・馬場上地区などの周辺域も対象として池辺寺跡の整備全体を完結させる計画である。

活用案としては、具体的な部分は今後の検討課題であるが、歴史・文化の学習拠点、観光・登山・イベントなどの拠点としての活用も期待される。これから地元の方々や市民らとともに、積極的な活用案を協議していくこととなる。

3　地元にとっての池辺寺跡

池辺寺がなくなって一四〇年が経つが、地元で

図101　池辺寺観音祭り

図102　池上小学校「味生祭」での遺物展示

は「池辺寺跡財宝管理委員会」によって現在も池辺寺にかかわる活動がつづけられている。財宝管理委員会は、遅くとも一九〇七（明治四十）年に日露戦争紀念堂が建てられるより以前から組織され、同団体名は一九三五（昭和十）年頃から使われている。廃寺となって散逸した仏像・宝物の買戻しや修復を経て、現在ではそれらの管理とともに、毎年九月十日に「池辺寺観音祭り」を開催し、仏像の供養や公開、子どもたちや地元の人びとへの教育・普及活動を継続している。永きにわたるこうした活動が評価され、二〇〇三（平成十五）年には熊本県文化財功労者、さらに二〇〇八（平成二十）年には文部科学省より地域文化功労者として団体表彰を受けている。

　当然、百塚地区などにおける池辺寺跡の発見や調査の継続、調査地での一般公開などにおいても多大な厚意と協力をいただいている。また、整備事業においても自治会とともに地元代表者として、協議の場に参加していただいている。

池の上地区に近い熊本市立池上小学校では、毎年二月に「地域とのふれあい」を目的としたイベント「味生祭」が開催されている。同校が味生池推定地に位置することから、名付けられた。熊本市教育委員会では毎年この祭りに参加し、池辺寺跡の調査成果の公開や体験を含めた近隣の遺跡の紹介を行っている。大勢の地域の人びとと子どもたちに池辺寺跡の調査成果を伝え、意見交換を行う絶好の機会となっている。

近世の地誌に古老の説として「いにしへの池辺寺は百塚のそばにあった」と記されたとおり、百塚地区や堂床地区のある平地区に住む人びとは、伝承とともに金子塔や瓦・土器の存在を周知し、池辺寺を現在に残し、伝えてきた。一九五八（昭和三十三）年の松本雅明ら、一九六七（昭和四十二）年の市教育委員会による調査のときも、一九八六（昭和六十一）年から現在もつづく調査に対しても、多大な理解と協力を惜しまず、その結果として池辺寺跡の解明と保存が現在のような状況にいたったといえる。さらに整備事業に対しても積極的な支援をいただいている。

地元の人びとの「地域の誇り」という声を真摯に受け止め、池辺寺の保存・調査・整備そして活用に努めていかなければならない。

池辺寺跡（百塚地区）見学ガイド

所 在 地　熊本県熊本市池上町字西平山（平の集落地より奥に入って西平山公園の隣）。百塚地区では、平成21～25年度の予定で整備事業が計画されている。現在、建物跡・池など遺構のほとんどは埋め戻されているが、百塔の石積みや石塁は見ることができる。百塚地区以外は私有地であるが、池上日吉神社・独鈷山は散策することができる。

交通機関　JR 熊本駅より車で10分（百塚地区は駐車可能）。
JR 熊本駅または交通センターより産交バスに乗り、「池の上」バス停下車徒歩30分。「三和中学校前」バス停からは徒歩40分。

問い合せ　【熊本市教育委員会　文化財課】　電話　096-328-2740
Eメール　bunkazai@city. kumamoto. lg. jp

遺物展示　熊本市立熊本博物館に瓦などの出土遺物が展示されている。
【熊本市立熊本博物館】　熊本市古京町3-2（熊本城三の丸地区）
開館時間　9:00～17:00（入館は16:30まで）
休 館 日　月曜日（祝日の場合は翌日）、年末年始
交通機関　交通センターより熊本城周遊バス「博物館前」下車。
交通センターまたは市役所前から徒歩15分。
電　　話　096-324-3500　　近くに三の丸駐車場あり（有料）
U R L　http://webkoukai-server. kumamoto-kmm. ed. jp

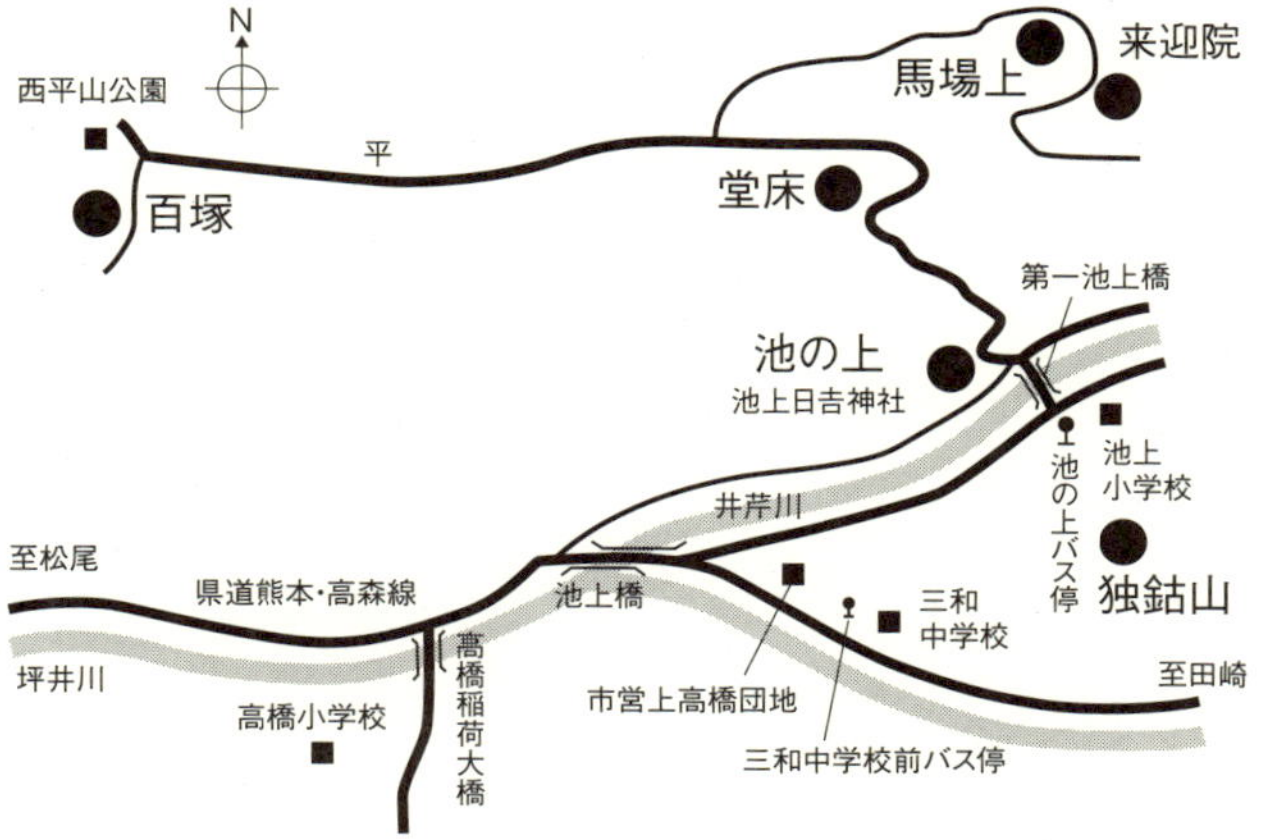

参考文献

阿蘇品保夫　一九八五「中世肥後金峰山の修験について　その検証と展開への試論」『山岳修験』創刊号、山岳修験学会
阿蘇品保夫　一九九六「肥後金峰山系の修験と池辺寺」『池辺寺跡Ⅰ（百塚遺跡C地点・堂床遺跡発掘調査報告書）』熊本市教育委員会
阿蘇品保夫　一九九八「金峰山系の修験」『新熊本市史　通史編第二巻中世』熊本市
安達寿男　一九五七『高梁史話』高橋公民館
網田龍生　一九九二『上高橋高田遺跡　第一次調査区発掘調査概報Ⅰ』熊本市教育委員会
網田龍生　一九九八「池辺寺跡」『今どきの考古学　くまもと考古速報展』熊本県立装飾古墳館
網田龍生　一九九九『池辺寺跡Ⅱ（平成八・九年度発掘調査報告書）』熊本市教育委員会
網田龍生　二〇〇一『池辺寺跡Ⅲ（平成一〇・一一年度発掘調査報告書）』熊本市教育委員会
網田龍生　二〇〇二『池辺寺跡Ⅳ（平成一二年度発掘調査報告書）』熊本市教育委員会
網田龍生　二〇〇三『池辺寺跡Ⅴ（平成一三年度発掘調査報告書）』熊本市教育委員会
網田龍生　二〇〇四『池辺寺跡Ⅵ（平成一四年度発掘調査報告書）』熊本市教育委員会
網田龍生　二〇〇五『池辺寺跡Ⅶ（平成一五年度発掘調査報告書）』熊本市教育委員会
網田龍生　二〇〇六『池辺寺跡Ⅷ（平成一六年度発掘調査報告書）』熊本市教育委員会
網田龍生　二〇〇七『池辺寺跡Ⅸ（平成一七年度発掘調査報告書）』熊本市教育委員会
網田龍生　二〇〇八『池辺寺跡Ⅹ（平成一八年度発掘調査報告書）』熊本市教育委員会
網田龍生　二〇〇九『池辺寺跡ⅩⅠ（平成一九年度発掘調査報告書）』熊本市教育委員会
井澤蟠龍　一七〇九『肥後地誌略』

板楠和子　一九九八「池辺寺について」ほか『新熊本市史　通史編第一巻自然・原始・古代』熊本市
板楠和子　一九九九「池辺寺根本中堂と百塔」『熊本県の歴史』山川出版社
板楠和子　二〇〇三「肥後古代の仏教〜浄水寺と池辺寺」『熊本歴史叢書二　古代下　先人の暮らしと世界観』熊本日日新聞社
板楠和子　二〇〇五「池辺寺に関する基礎的考察　百塚遺跡C地点を中心として」『熊本大学日本史研究室からの洞察』松本寿三郎先生・工藤敬一先生古稀記念論文集刊行委員会
伊藤常足　一八四一『太宰管内志』
井上辰雄　一九七五「道君首名研究ノート」『法文論叢』第三六号史学篇、熊本大学法文学会
今村克彦　一九九六「池辺寺跡」『新熊本市史　別編第二巻民俗・文化財』熊本市
岩谷史記・金田一精・網田龍生・美濃口雅朗・林田和人　二〇〇七『二本木遺跡群Ⅱ（二本木遺跡群第一三次調査区発掘調査報告書）』熊本市教育委員会
牛島盛光編　一九七四「味生の池と池辺寺」『肥後の伝説』第一法規出版
大倉隆二　一九九六「池辺寺縁起絵巻」ほか『新熊本市史　別編第二巻民俗・文化財』熊本市
大倉隆二　一九九八「旧仏教の展開」『新熊本市史　通史編第二巻中世』熊本市
大城康雄　一九九三『池辺寺跡発掘調査概報Ⅰ』熊本市教育委員会
大城康雄　一九九三「熊本県熊本市池辺寺廃寺跡」『日本考古学年報』四四、日本考古学協会
大城康雄　一九九四「池辺寺跡」『考古学ジャーナル』三八二号、ニュー・サイエンス社
大城康雄　一九九六「池辺寺跡」ほか『新熊本市史　史料編第一巻考古資料』熊本市
大城康雄・網田龍生・金田一精・美濃口雅朗・竹田宏司　一九九六『池辺寺跡Ⅰ（百塚遺跡C地点・堂床遺跡発掘調査報告書）』熊本市教育委員会
大城康雄　一九九七「謎の池辺寺」『図説熊本県の歴史』河出書房新社

大城康雄　二〇〇七「熊本県熊本市池辺寺跡」『平安時代山岳寺院伽藍の調査研究　如意寺跡を中心として』古代学協会研究報告第1号、古代学協会

乙益重隆　一九五二「古社寺堂塔調（肥後国古塔調査録　明治一六年調査）」『熊本県資料集成第五集』日本談義社

乙益重隆　一九五四『肥後上代文化史』日本談義社

乙益重隆　一九六九「池ノ上地域」『熊本市西山地区文化財調査報告書』熊本市教育委員会

角田政治　一九〇六『熊本市・飽託郡誌』長崎書店

金田一精　二〇〇七「瓦からみた池辺寺の屋根景観」『池辺寺跡Ⅸ（平成一七年度発掘調査報告書）』熊本市教育委員会

金田一精　二〇〇七「池辺寺瓦考」『肥後考古』第一五号、肥後考古学会

辛島道珠　一六八九『肥後名勝略記』

北島雪山　一六六九『国郡一統志』

熊本県教育委員会　二〇〇三「あたらしい仏教」『遺跡が語る　くまもとのあゆみ～白川編～』

熊本市教育委員会　一九九四「池辺寺跡」ほか『熊本市の文化財』

熊本市教育委員会　二〇〇八『史跡池辺寺跡保存整備基本構想』

栗原和彦　一九九六「池辺寺の鬼瓦」『池辺寺跡Ⅰ（百塚遺跡C地点・堂床遺跡発掘調査報告書）』熊本市教育委員会

小山　正　一九七〇『新編肥後風土記（一）』

佐藤征子　二〇〇一「池辺寺伝承の変容をめぐって」『市史研究くまもと』第一二号、熊本市

澤村　仁　一九五四「池辺寺の建築と古代の山寺」『池辺寺跡Ⅰ（百塚遺跡C地点・堂床遺跡発掘調査報告書）』熊本市教育委員会

鈴木　喬　一九七二「味生池と池辺寺」『日本談義』二六一号、日本談義社

鈴木　喬　一九九六「池辺寺伝来宝物」ほか『新熊本市史　別編第二巻民俗・文化財』熊本市
鈴木　喬　一九九六「文献より見た池辺寺史」『池辺寺跡Ⅰ（百塚遺跡C地点・堂床遺跡発掘調査報告書）』熊本市教育委員会
高橋小学校百周年記念事業実行委員会　一九七四『高橋の百年』
多田隈豊秋　一九七五「池ノ上笠塔婆（金子塔）」『九州の石塔』上巻、西日本文化協会
坪井清足　一九九六「遺跡の保存について」『池辺寺跡Ⅰ（百塚遺跡C地点・堂床遺跡発掘調査報告書）』熊本市教育委員会
鶴嶋俊彦　一九九一「肥後に於ける歴史時代の現状と課題」『交流の考古学　三島格会長古稀記念号』肥後考古学会
寺本直廉　一七八四『古今肥後見聞雑記』
富田紘一　一九八九「奈良、平安期」『市制百周年記念　熊本・歴史と魅力』熊本市
富田紘一　一九九六「西山地区の古瓦関係資料の紹介」『池辺寺跡Ⅰ（百塚遺跡C地点・堂床遺跡発掘調査報告書）』熊本市教育委員会
中川　斎　一九五四「熊本に於ける道君首名の遺跡」『日本談義』八六号、日本談義社
成瀬久敬　一七二八『新編肥後国誌草稿』
平野　乍・古賀徳義・村上憲吉　一九二七『熊本県史跡名勝天然記念物調査報告書第四冊』熊本県
平野　乍・下林繁夫・角田政治　一九三七『熊本県史跡名勝天然記念物概要附国宝其他』熊本県
廣瀬正照　一九八四『肥後古代の寺院と瓦』廣瀬正照遺稿集刊行会
前川清一　一九九〇「金子塔の銘文について」『肥後金石研究』第二号、肥後金石研究会
村井眞輝　一九八〇「味生池考」『古文化論攷』鏡山猛先生古稀記念論文集刊行会
村井眞輝　一九八一「池辺寺跡」『九州古瓦図録』九州歴史資料館
松本雅明　一九五七「古代」『熊本県の歴史』文画堂

松本雅明　一九五九　「池辺寺考」『熊本史学』第一七号、熊本史学会
水足屛山　一七三〇　『肥後国陣跡略誌』
木簡学会　一九九一　『木簡研究　第一三号』
木簡学会　二〇〇一　『木簡研究　第二三号』
森本一瑞　一七七二　『肥後国誌』
八木田政名　一八四一　『新撰事蹟通考』

あとがき

熊本市教育委員会による池辺寺跡の確認調査事業は、一九八六（昭和六十一）年度の調査着手から二十三年目を迎えている。その間、多くの方々のご厚意によって調査が実施され、史跡指定が実現した。調査指導委員会および保存整備検討委員会の先生方、考古学・文献史学をはじめとした多くの分野の多くの方々、平地区および池の上地区のみなさま、自治会・財宝管理委員会、作業員の方々、熊本市文化財課・熊本県文化課・文化庁記念物課のみなさま。

本来なら、一人ずつ名前をあげてお礼申し上げるべきとは思うが、あまりに多人数であるため控えさせていただいた。今回、これまでの調査・研究の成果を本書にまとめることができたのも、みなさまのおかげである。心より感謝申し上げるとともに、今後もこれまで同様のご指導・ご配慮を賜りますようお願いいたします。

本書に掲載した位置図・実測図などの図面は、熊本市教育委員会が刊行した報告書を基に作成した。写真はいずれも熊本市教育委員会からの提供であり、関係各所には掲載の許可をいただいた。厚くお礼申し上げます。文中では敬称を省略しているが、ご容赦いただきたい。

平成七年度まで池辺寺跡の調査を担当されていた大城康雄氏（熊本市文化財課）が、平成二十年一月二日に逝去された。病状が良くないことを聞いて本書の執筆を急いだが、間に合わなかった。入稿前に議論する約束も果たせなかった。残念でならない。

菊池徹夫
坂井秀弥　企画・監修「日本の遺跡」

38　池辺寺跡《ちへんじあと》

■著者略歴■

網田龍生（あみた・たつお）

1964年、長崎県生まれ
熊本大学文学部史学科卒
現在、熊本市教育委員会文化財課主任文化財保護主事
主要著作等
「古代宇城地域の遺跡の諸相」『新宇土市史通史編第一巻』宇土市、2003年
「古代荒尾産須恵器と宇城産須恵器」『先史学・考古学論究IV』龍田考古会、2003年ほか

2009年8月5日発行

著　者　網　田　龍　生
発行者　山　脇　洋　亮
印　刷　亜細亜印刷㈱
製　本　協栄製本㈱

発行所　東京都千代田区飯田橋4-4-8（〒102-0072）東京中央ビル　㈱同成社
TEL　03-3239-1467　振替　00140-0-20618

ISBN978-4-88621-487-4 C3321

シリーズ

日本の遺跡

菊池徹夫・坂井秀弥　企画・監修　四六判・定価各一八九〇円

【既刊】

①西都原古墳群　南九州屈指の大古墳群　北郷泰道
②吉野ヶ里遺跡　復元された弥生大集落　七田忠昭
③虎塚古墳　関東の彩色壁画古墳　鴨志田篤二
④六郷山と田染荘遺跡　九州国東の寺院と荘園遺跡　櫻井成昭
⑤瀬戸窯跡群　歴史を刻む日本の代表的窯跡群　藤澤良祐
⑥宇治遺跡群　藤原氏が残した平安王朝遺跡　杉本　宏
⑦今城塚と三島古墳群　摂津・淀川北岸の真の継体陵　森田克行

---

⑧加茂遺跡　大型建物をもつ畿内の弥生大集落　岡野慶隆
⑨伊勢斎宮跡　今に蘇る斎王の宮殿　泉　雄二
⑩白河郡衙遺跡群　古代東国行政の一大中心地　鈴木　功
⑪山陽道駅家跡　西日本の古代社会を支えた道と駅　岸本道昭
⑫秋田城跡　最北の古代城柵　伊藤武士
⑬常呂遺跡群　先史オホーツク沿岸の大遺跡群　武田　修
⑭両宮山古墳　二重濠をもつ吉備の首長墓　宇垣匡雅

㉝吉川氏城館跡
中世安芸の城と館　小都　隆

㉞北斗遺跡
釧路湿原にのこる大集落跡　松田　猛

㉟郡山遺跡
飛鳥時代の陸奥国府跡　長島榮一

㊱上野三碑
古代史を語る東国の石碑　松田　猛

㊲難波宮跡
大阪に甦る古代の宮殿　植木　久

㊳池辺寺跡
肥後山中に眠る伝説の古代寺院　網田龍生

【続刊】

㊴湯築城跡
伊予道後の中世城館　中野良一